· 누구나 쉽게 성공할 수 있는 ·

리스크 제로
노인장기요양사업

창업 리스크 ZERO

고객불만 리스크 ZERO

사고 리스크 ZERO

직원 리스크 ZERO

시즌 리스크 ZERO

리스크 제로
노인장기요양사업

초판 1쇄 발행 2022년 10월 10일

지 은 이	조보필
발 행 인	권선복
디 자 인	김소영
전 자 책	서보미
마 케 팅	권보송
발 행 처	도서출판 행복에너지
출판등록	제315-2011-000035호
주 소	(157-010) 서울특별시 강서구 화곡로 232
전 화	0505-613-6133
팩 스	0303-0799-1560
홈페이지	www.happybook.or.kr
이 메 일	ksbdata@daum.net

값 17,000원
ISBN 979-11-92486-24-6 (13330)

Copyright ⓒ 조보필, 2022

· 누구나 쉽게 성공할 수 있는 ·

리스크 제로
노인장기요양사업

조보필 지음

도서
출판 행복에너지

이 책은 장기요양사업의 가치와 사업적 매력을 분석하고 그 유망성을 전달함으로써 이 사업에 관심 있는 분들에게 유의미한 정보를 전달하려는 마음에서 시작되었다.

내가 장기요양사업에 뛰어든 지도 올해로 벌써 13년이 넘었다.

그동안 노인장기요양사업 분야에 관심은 있는데 어디서부터, 어떻게 시작해야 할지 몰라 막막해하는 분들을 많이 만났다. 무엇보다 정말 '할 만한 사업'인지를 궁금해하는 분들이 많았다. 나름대로 성의껏 조언하고 도왔으나 아무래도 물리적, 시간적 제한이 있었고, 이런 이유로 주변에서 책 쓰기를 권유받았다.

솔직히 처음에는 '굳이 나까지?'라는 마음이 더 컸다. 오랫동안 이 분야를 연구한 교수나 전문가들이 많고, 요즘에는 세상이 좋아져서 마음만 먹으면 관련 법령이나 규칙 등은 인터넷에서 클릭 몇 번만 하면 금방 찾을 수 있기 때문이다. 비용은 좀 들겠으나 아예 전문 컨설팅을 해주는 곳도 있다. 하지만 이런 경로들로는 '실제 경영자의 입에서 나오는 이야기'에 대한 수요를 만

족시키기 어려웠다. 또 시중에 나와 있는 관련 도서들 역시 대부분 노인장기요양보험 제도의 법령 해설이나 규정 이해를 도우는 교본들이고 또 제도 초창기에 홍보를 목적으로 쓰인 것이 많아 실제 사업하는 데 직접적인 길잡이가 되지 못하고 현실적인 접근 방향을 잡는 데 도움이 되기가 쉽지 않았다.

이런 이유로 심사숙고 끝에 책을 쓰기로 했다. 비교적 초창기에 장기요양사업에 뛰어들어 직접 경영하면서 깨우친 내용을 담은 책이라면 그 나름의 의미가 있으리라 믿었기 때문이다.

이 책은 장기요양사업에 관심 있는 관련 종사자나 일반인을 대상으로 쓰였다.

현재 노인장기요양사업에 종사하고 있는 분들에게는 본 사업의 가치를 인지하여 자긍심을 고양하고, 본 사업을 해볼까 하는 분들께는 자신감과 의욕을 높여주며, 안정적이고 가치 있는 사회참여 사업을 하고자 하는 베이비붐 세대에게 제2의 인생을 열어 드리는 역할을 하는 책이 되었으면 한다.

먼저 대한민국의 노인장기요양보험 제도를 돌아보고, 시대와 사회 변화의 관점에서 장기요양사업의 가치를 분석했다. 이어서 이 사업에 뛰어들기를 권하는 이유를 설명했으며, 나 자신의 경험뿐 아니라 다양한 사례를 소개해 이해를 도왔다. 법령이나 규칙, 각 급여의 구체적인 비용 등 쉽게 찾을 수 있는 내용은 최대한 배제했으며 사업적 측면에서 접근해 그 가치와 유망성, 리스크 분석, 경쟁력 향상 등을 주로 다루었다.

이 책은 일반인이 사업으로 쉽게 접할 수 있는 재가요양 쪽에 중점을 두었다.

경험에서 얻고 느낀 내용을 있는 그대로 진솔하게 담았으니 이 책이 많은 독자에게 길을 비춰주는 등불이 되어주기를 바란다. 부디 이 책을 읽는 독자들이 장기요양사업을 더 깊이 이해하고 그 가치와 미래를 알아보기를, 진정성을 담아 추천하는 제 마음을 보아주기를 기대한다. 새로운 길을 찾고 있다면 시대와 사회의 흐름에 부합하는 장기요양사업을 우선으로 고려하기를 희망한다.

　　나 개인의 경험에서부터 출발한 책이므로 아무래도 주관적인 관점이나 인식이 많이 반영되었다. 또 관련된 영역이 워낙 넓고 내용이 방대하다 보니 사업 전체를 이해하기에는 어느 정도 한계가 있을 것이다. 현명한 독자들이 책의 내용을 잘 갈무리하여 자신의 상황에 적절히 적용할 거라고 믿는다.

2022년 9월 26일

저자 **조 보 필**

장기요양사업에서 찾은
성공의 길

운명처럼 시작한 일

"제수씨가 사회복지사 자격증을 공부했다고 안 했나, 그라믄 조그맣게 복지 용구 사업장 하나 차려주면 어떻겠노? 처음 해보는 기라서 좀 낯설어도 놀이터 삼아 쉬엄쉬엄 2~3년 하다 보면 괜찮을 끼다……"

2008년 가을, 같은 동네에서 산악회 활동을 하면서 어울렸던 선배 형님께서 하신 말이다. 형님이 '최신 사업'이라며 소개하시는데 가만히 들어보니 괜찮아 보였다. 며칠 생각해보고서 다시 형님께 여쭈었다.

"아시다시피 집사람은 어디 가서 장사할 타입이 아니니, 제가 직접 한번 해보면 어떻겠습니까?"

아내가 사회참여 도구로 사회복지사 자격증 이야기를 꺼내기에 같이 등록해서 1년간 온·오프라인으로 공부하고 부부가 함께 자격증을 취득해 둔 터라 문제는 없었다. 그런데 정작 사업을 권해주신 형님이 손을 휘휘 저으며 만류하셨다.

"무슨 소리고? 아서라, 그 좋은 자격증 가지고 직장생활 잘하고 있는 니가 와, 뭐 할라고?"

그때까지만 해도 나는 건축공학을 전공한 후 줄곧 건축공사 관련 업계에서만 일해온 사람이었다. 건축시공기술사로서 월급 받으면서 안정적으로 일하는 사람이 느닷없이 노인요양사업을 해보겠다고 나서니 말릴 만도 했다.

가족들도 걱정과 반대부터 했다. 욕심 적고 마음이 여린 아내는 물론이고, 매해 가족을 위해 점집이며 철학관 다니기를 마다하지 않으시는 장모님까지 걱정이 대단했다. 이번에도 어디 가서 물어보셨는지 머리와 재주는 있으니 참모를 한다면 몰라도, 자기 이름을 내세워 사장 노릇을 할 팔자는 아니라고 하셨다.

주변에서 이렇게 나의 사업 의지를 꺾으려고 하는데, 이상하게도 무슨 자신감인지 도무지 포기가 안 됐다. 결국, 나보다 사업 쪽으로 사주가 더 좋다는 아내를 대표로 앉히고, 실질적인 일은 내가 도맡아서 하기로 했다. 나는 사장이 아니고 참모가 되어 사업을 시작하게 된 것이다.

지금 생각해보면 보상심리랄까, 탈출구를 찾았달까……. 줄곧 직진만 하던 인생에서 핸들을 꺾어 다른 길로 한번 달려보고 싶은 생각이 있었던 것도 같다. 건축관련 업계에서 일하면서 성취도 분명히 있었으나, 한편으로는 날카로운 시기나 억울한 모함에 시달리기도 하는 등 부침도 적지 않았다. 대학에서 건축공학을 전공했다는 이유로 끌려가듯 버텨온 23년 월급쟁이 인생을 전환해 보고 싶은 마음이었으리라.

당시 나는 사회복지사 자격증을 취득하고 복지시설에 대해 더 공부하고 싶어서, 지도 교수님의 조언에 따라 부산대학교 산업대학원 건축공학과에서 석사 과정을 이수하고 있었다. 복지시설만을 다루는 과목이 따로 있지 않아 스스로 고군분투해야 했으나, 한창 공부하는 재미를 느끼는 중이었다. 그런데 그쯤에 대한민국에서 노인장기요양보험 제도가 시행되었으니 이제 와 돌이켜보면 다 일이 잘 되려고 그랬나 싶다.

당장 사업준비에 돌입했다.

처음 말씀을 꺼내주신 동네 형님에게 사업에 대한 개념을 묻고 길을 배웠으며, 관련 자료를 찾아서 조사하고, 이미 문을 열

시작하며

어 운영 중인 곳을 탐방하기도 했다. 알수록 매력적인 사업이었다. 특히 국민건강보험공단에서 시행하는 사업이라는 점이 가장 마음에 들었다. 사업 구조도 우리나라에서 이미 오랫동안 시행해 온 국민건강보험 제도와 다를 바가 없었다.

알다시피 우리나라는 건강보험 제도가 아주 잘 되어있다. 의료기관(병·의원, 약국)이 환자에게 의료 서비스를 제공하면 환자는 의료수가의 20~30%만 내고 나머지는 국민건강보험공단이 의료기관에 지급한다. 노인장기요양보험 제도에서 장기요양기관(요양시설, 방문요양센터, 주·야간 보호센터, 복지용구 사업소 등)은 국민건강보험 제도에서 의료기관에 해당하는 역할이다.

장기요양기관은 장기요양 등급을 받은 노인을 대상으로 장기요양급여를 제공하고, 요양수가의 15~20%를 해당 노인으로부터 받는다. 나머지 80~85%는 국민건강보험공단으로부터 받는다. 그러니까 의료기관과 마찬가지로 장기요양기관 역시 서비스를 제공하고도 돈을 못 받아서 부도를 맞거나 발을 동동거릴 일은 애당초 없는 것이다!

어지간해서는 병원이나 약국이 망하는 걸 못 봤는데……,
의사나 약사들이 하는 건강보험사업과 똑같은 구조라면 망할 일은 없겠구나!

곰곰이 생각해보니 의료기관보다 오히려 더 나아 보였다.

시간이 흐를수록 수요는 점점 더 늘어날 테고, 수입은 국민건강보험공단에서 든든히 뒷받침해주기 때문이다. 이미 '백세시대'라는 말이 낯설지 않을 정도로 노인 인구가 많아지는 추세다. 어르신들에게 해당되는 돌봄 봉사와 요양 서비스를 제공하며 수익까지 안정적이니, 더할 나위 없이 좋은 일이었다. 아무리 봐도 하지 않을 이유가 없었다!

솔개의 선택

원래 솔개는 40~50년을 사는데 개중에는 70~80년을 사는 놈도 있다고 한다.

이런 놈들은 주어진 수명인 40~50년을 살고 나면 홀로 높디높은 바위산 꼭대기로 올라간다. 그리고는 그동안 험난한 약육강식의 동물 세계에서 생존을 보장해준 '주무기'를 스스로 파괴한다. 먼저 부리를 이용해 오랜 세월 속에 무뎌진 발톱과 무거워진 깃털을 전부 뽑아낸다. 고통스럽지만 완전히 뽑혀 나갈 때까지 멈추지 않고 계속한다. 이 고통의 과정이 끝나면 마지막으로 역시 둔탁해진 부리마저 몇 번이고 바위에 세게 부딪혀서 산산조각낸다.

이제 솔개는 비행할 수도, 사냥할 수도 없으니 별수 없이 그 자리에서 굶주려가며 버텨야 한다. 세찬 바람이 불고 굵은 빗방

울이 마구 떨어져도 높은 바위산 위에서 홀로 웅크린 채, 그 고통의 시간을 묵묵히 인내해야만 한다. 이때 끝까지 버티지 못하고 죽는 놈도 적지 않다.

오직 이 고통스러운 재탄생의 시간을 끝까지 견뎌내고 마침내 이전보다 더 날카로운 발톱과 가벼운 깃털, 강철 같은 부리를 얻어낸 솔개만이 30~40년을 더 살 수 있다. 이런 솔개만이 다시 날개를 크게 펼치고 유유히 비행하며 '제2의 삶'을 영위하는 것이다.

사람도 마찬가지다.

한 자리에 머물러서 당장 눈에 보이고 손에 쥘 수 있는 것만 보면서 살면 처음에 주어진 운명을 벗어나기 어렵다. 스스로 틀을 깨고 나와 더 나은 삶을 살려면 반드시 고통스러운 '자기 혁신'이 꼭 필요하다. 내가 건축업계 근로자에서 사회복지사로, 사회복지사에서 장기요양사업가로 끊임없이 새로운 출발을 선택한 것도 이런 맥락에서다. 23년 동안 건축공사현장을 누비며 쌓아온 경력과 지위에 연연했다면 결코 해낼 수 없었을 것이다.

대학 재학 중, 오토바이 사고로 생사를 가늠할 수 없을 정도로 다친 적이 있다. 천운으로 건강을 회복한 후, 내 가슴 속에는 살아있음에 대한 감사, 반드시 가치 있는 삶을 살겠다는 사명감과 열망이 늘 자리하고 있었다. 직장생활하면서 적지 않은 나이에 사회복지사 자격증을 취득한 이유도 언젠가 나눔의 삶을 실천하고자 했기 때문이다.

할수록 좋은 사업

직접 해보니 장기요양사업은 '할수록 좋은 사업'이었다.

연차가 쌓이면서 점차 안정적으로 운영하게 되었고, 꾸준히 사업을 확장할 수 있었다. 감사하게도 매번 큰 무리 없이 자리를 잘 잡았고, 지역을 대표하는 장기요양기관으로 이름도 났다. 처음에 가족의 걱정과 주변의 반대에 부딪혀 이 사업을 그냥 포기했더라면 어떻게 됐을지, 생각만 해도 아찔하다.

사실 사업이란 것이 아무리 철저히 대비해도 전혀 예상치 못한 난관에 부딪히기 마련이다. 사업이란 곧 겹겹이 쌓이는 문제를 하나씩 해결해가는 일이라 해도 과언이 아니다. 그래서인지 늘 긴장 상태로 극심한 스트레스에 시달리는 경영자가 적지 않다.

장기요양사업은 여타의 일반 사업과는 성격이 다르다. 물론 경영자의 성향이나 특징에 따라 차이는 있겠으나 어느 정도 체계와 기준만 생기면 운영하는 데 별달리 어려운 점이 없다. 사실 그 체계와 기준이라는 것도 나라에서 법으로 마련해 놓은 것을 충실히 따르면 된다. 관련 법령이나 규칙대로 하기만 한다면 크게 골머리를 썩이거나 복잡한 일 없이 비교적 안정되게 사업을 꾸려나갈 수 있다.

단언컨대 장기요양사업은 보필이의 경영이념인 '선의후리, 자리이타先義後利, 自利利他'를 실천할 수 있는 최적의 사업이다. 다시 말해, '의를 우선하고 이익을 뒤에 둠으로써, 남도 이롭게 하면서 자기 자신도 이롭게 하는 일'인 것이다.

장기요양사업은 상생과 공존의 사업이자, 할수록 보람되고 가치 있는 일이다.

성공의 길은 분명히 있다

노인장기요양보험 제도가 시행 10년을 훌쩍 넘으면서 관련 시장도 도입기, 성장기를 지나 성숙기에 접어들고 있다. 실버산업이 크게 발전하고, 복지의 중심점이 공급자에서 수요자로 이동하여 경쟁 시대에 돌입하게 된 것이다. 이런 환경에서 성공을 거머쥐려면 반드시 강점을 살리고 약점을 보완해서 전략적으로 공략할 필요가 있다.

장기요양사업은 수요자와 공공기관을 상대하므로 완전히 일반 사업과 똑같다고 보기도 어렵고, 그렇다고 전통적인 사회복지사업이라고 할 수도 없다. 그 중간 어디쯤에서 최적의 절충점을 찾고 균형을 잡는 것이 성공의 관건이다. 나 역시 이를 위해 부단히 공부하며 발로 뛰었고, 그 과정에서 많은 것을 배우고 얻었다.

어쩌면 '할수록 좋은 사업'이라는 말은 '잘된 사람'만 할 수 있는 소리라고 생각할지도 모르겠다. 또 어떤 사람은 장기요양사업이 괜찮다는 것도 다 옛말이며, 지금은 해봤자 고생만 하고 손에 쥐는 몫은 얼마 되지도 않는다라고 말하기도 한다.

물론 시작만 하면 무조건 성공이라고 장담하지는 못한다. 어떤 사업이든 크고 작은 위험성이 분명히 존재하고, 장기요양사업도 나아가는 길이 반드시 순탄하지만은 않을 것이기 때문이다. 다행인 것은 기본과 상식에 충실하고, 앞서본 사람들의 조언을 듣고 따르다 보면 천천히 길이 보인다는 사실이다. 막연한 기대와 희망에 기대지 않고, 탐색한 정보를 구체적으로 분별할 수 있는 눈을 갖춘다면 그 길이 더 선명해질 것이다.

단언컨대 성공의 길은 가까이에 분명히 있다!

자, 이제 장기요양사업에서 성공의 길을 찾기 위한 여정을 시작해보자!

대한민국, 초고령사회가 되다

장기요양 사업을 분석하다

3장 조보필의 장기요양사업

4장 장기요양 사업을 권하다

5장 장기요양사업을 꿈꾸는 분들에게

6장 장기요양사업 운영 사례: 센터장 네 분의 성공 실행기

제1장

대한민국,
초고령사회가
되다

초고령화는 거스를 수 없는 시대의 흐름이다. 초고령화 사회에서 공적·사회적 노인 돌봄의 필요성이 대두되었고, 이러한 사회적 요구에 부응해 등장한 제도가 바로 노인장기요양보험 제도다.

이 장에서는 불과 몇 년 안에 다가올 초고령 사회의 사회적 영향을 알아보고, 돌봄의 사회화로써 얻을 수 있는 사회적 이익을 분석해 본다. 더불어 대한민국의 노인장기요양보험 제도를 간략히 소개함으로써 기본적 이해를 돕고자 한다.

초고령사회가
온다

피할 수 없는 인구 고령화

인구 고령화가 생기는 가장 큰 원인은 경제가 발전하면서 개인 영양과 위생 상태가 좋아지고 의료기술이 발전해서 기대수명이 크게 높아졌기 때문이다. 출산율 저하도 고령화 속도를 빠르게 하는 요인 중 하나다. 반대로 출산율이 높거나 기대수명이 낮을수록 고령화 속도가 느리다. 후진국들이 고령화사회에 진입하는 경우가 드문 것도 바로 이런 이유다.

안타깝게도 한번 시작된 고령화를 다시 되돌리는 일은 절대 쉬운 일이 아니다. 아니, 거의 불가능하다고 말하는 편이 더 맞다. 고령화를 방지하기 위해서는 출산율 증가 등의 개선이 필요한데 이는 결혼과 양육에 대한 인식, 미래 불확실성, 사회 진출 욕구 등의 다양한 문제가 원인이 되므로 한꺼번에 해결할 수 없기 때문이다. 정리하자면 속도의 차이만 있을 뿐, 앞으로 사회에 젊은 사람은 줄어들고 나이 든 사람은 많아진다는 이야기다.

인구 고령화의 영향

고령화는 연금, 의료, 복지, 주택 등 기존의 사회보장은 물론, 경제와 사회 전반에 걸쳐 광범위한 영향과 문제를 파생하는 심각한 사회 변화다. 경제활동 인구의 감소로 성장률이 하락하고, 사회적으로는 초고령사회 부양 부담, 지역 소멸 등의 문제가 발생한다. 무엇보다 국가의 지출을 늘리는 반면, 수입은 감소시키므로 정부의 재정 상황에 부담을 줄 수 있다.

생각해보자. 연금과 의료비의 지급이 증가하면 이 비용을 부담해야 하는 기금이 부족하게 될 것이고. 정부의 재정으로 보충할 수밖에 없다. 또 우리나라는 노인 빈곤율이 높은 편이어서 고령층의 기본적인 생계보장을 위한 재정지출도 훌쩍 증가할 가능성이 크다. 반면 일하는 사람의 수가 감소하므로 세금으로 얻는 재정수입은 감소한다.

코앞까지 온 초고령사회

국제적으로 공용되는 노인의 연령 기준은 65세 이상이며, 80세 이상은 '초고령 노인'이라고 한다. UN은 전체 인구에서 노인이 차지하는 비중에 따라 '고령화사회, 고령사회, 초고령사회'로 구분한다. 그 기준은 다음과 같다.

> · 고령화사회(aging society):
>   65세 이상의 인구가 전체 인구의 7% 이상
> · 고령사회(aged society):
>   65세 이상의 인구가 전체 인구의 14% 이상
> · 초고령사회(post-aged society):
>   65세 이상의 인구가 전체 인구의 20% 이상

2000년, 우리나라는 고령화사회에 진입했다. 이전부터 학자나 관련 전문가들이 인구 고령화를 경고해왔지만, 공식적으로 고령화사회에 들어서자 이 시기에 사회적으로 고령화에 대한 경각심이 커졌다. 정치권에서는 고령화 대책이 본격적인 화두로 떠올랐고, 많은 언론에서 연일 이 문제를 심각하게 다뤘다. 덕분에 고령화라는 말은 더 이상 낯설지 않게 되었다.

사실 대부분 서구 선진국들은 20세기 초를 전후해 고령화사회로 진입한 상태였다. 영국, 독일, 프랑스 등은 놀랍게도 1970

년대에 이미 고령화사회를 넘어 고령사회가 됐다. 우리와 가까운 일본의 경우 1970년에 고령화사회로, 이어 1994년에 고령사회로 진입했다.

우리나라는 고령화사회가 된 지 18년 만인 2017년에 노인 인구 14.2%를 기록하며 고령사회로 진입했다. 고령화사회에서 고령사회로 접어들기까지 독일은 40년, 미국은 69년, 일본은 24년이 걸린 것을 생각하면 유례없이 빠른 속도였다. 게다가 2025년경에는 20%를 넘어 초고령사회에 도달할 것으로 전망한다고 하니 초고령사회가 그야말로 우리 코앞까지 온 셈이다!

노인 삶의 질을 향상하라

초고령사회의 노인들

우리나라는 경제협력개발기구 OECD 회원국 중 고령화가 가장 빨리 진행되리라 예상된다. 특히 80세 이상 초고령 인구 비중은 2015년 2.6%에서 2050년 14%로 5배 이상 증가할 것으로 전망됐다. 역시 OECD 회원국 평균보다 훨씬 빠른 속도다.[*]

곧 도래할 초고령사회에서 노인들은 어떠한 삶을 살까?

보건복지부의 「저출산 고령화에 대한 국민인식조사」에 따르면 우리나라 국민 10명 가운데 8명은 고령화 현상이 심각하다

---

[*] 「고령자의 활동 제약과 건강수명 이슈 분석 보고서」, 『KOSTAT 통계플러스(2018. 가을호)』, 통계청

고 생각하며, 노후에 중요한 사항으로 '경제적 안정과 여유'를 1순위로 꼽았다. 이어서 건강, 일자리, 이웃 또는 친구와의 관계, 취미와 자원봉사 등의 여가활동이 뒤를 이었다. 또 노후에 염려되는 사항은 '건강'과 '경제력'이라는 응답의 비중이 높았다. 아프거나 다칠까 봐, 노후에 필요한 생활비가 부족하게 될까 봐 걱정하는 것이다.

또 국가인권위원회가 발표한 「노인인권종합보고서」에 따르면 65세 이상 노인의 절반이 '경제적 어려움'을 겪고 있는 것으로 나타났다. 24%는 고독사를 걱정하고 있었다.

듣기만 해도 암울하고 덜컥 겁이 난다. 노년의 삶이 이토록 걱정스러운 이유는 사회에 노인의 수는 많아지는데 노인이 설 자리는 자꾸만 줄어들기 때문일 것이다. 오늘날 대한민국에서 어렵지 않은 세대는 사실상 없다. 청년층부터 노인층까지 모두가 힘들다며 아우성치고, 자칫 세대 간 사회문제로 확대될 가능성도 적지 않다. 하지만 노년이 불행한 사회는 결코 바람직하다고 볼 수 없으며 건강한 사회라고 말할 수도 없음을 잊어서는 안 된다.

초고령화사회 노인들이 겪는 '4고(四苦)'
· 병고(病苦): 노화에 따른 건강 쇠약이나 질병, 영양부족 등
· 빈고(貧苦): 경제적 어려움, 상대적 가난 등
· 고독고(孤獨苦): 가족들과의 소통 부재, 소외감과 외로움 등
· 무위고(無爲苦): 재취업의 어려움, 사회적 역할 상실에서 오는 허무감 등

노인의 삶이 곧 사회의 수준

　결국, 핵심은 '노인 삶의 질'이다.

　노인이 어떤 삶을 사는가가 그 사회의 수준을 반영한다고 해도 과언이 아니다. 노인이 행복하고 편안하게 사는 사회야말로 지금 우리가 추구해야 하는 사회다. 다행히 우리나라는 고령화에 대한 인식이 빠르게 자리 잡은 편이며, 그 정도도 지속적으로 증가했다. 덕분에 고령화와 관련한 경제적 영역뿐 아니라 개인 및 가족, 사회적 영역, 이외의 관련한 새로운 이슈도 관심이 큰 편이다. 특히 인구 고령화에 대응하는 사회 복지적 인식과 대책이 점점 더 많은 주목을 받고 있다.

　노인의 삶의 질을 향상하려면 국가, 시장, 가족의 역할을 현명하게 재구조화해야 한다. 국가의 돌봄과 소득 보장이라는 가장 어렵고 커다란 짐을 사회가 함께 책임질 필요가 있으며, 민관 협력을 통해 세심하고 질 높은 예방 서비스를 제공하는 생산적 복지 시스템을 구축해야 한다. 노인을 잘 보살피는 나라를 만드는 일은 젊은이들에게는 미래의 불안과 부담을 덜어주고, 현재의 노인들에게는 사는 동안 행복하게 하는 일이기 때문이다.

노인 돌봄의
사회화

전통적 돌봄 기능

전통적으로 '돌봄'은 가족의 주요한 기능이었다. 만약 어린 자녀나 나이든 노인 등 가족 구성원 중에 질병이나 장애, 노화 등을 이유로 타인의 보살핌이 필요한 사람이 있으면 다른 가족 구성원(주로 여성이다)에 의해 돌봄이 이루어졌다.

불과 얼마 전까지만 해도 가족들이 노인을 하나부터 열까지 모두 직접 보살피지 않으면 큰 불효라도 저지르는 듯한 인식이 있었다. 심지어 요즘에도 아예 없지는 않아서 노인 돌봄이 가족 간 갈등으로 번지곤 한다. 이 문제로 형제자매 간에 서로 얼굴까지 붉혔다는 이야기가 드물지 않다.

돌봄의 공백

이제 우리 사회는 한 가족이 노인 돌봄을 전담하기가 어렵게 되었다. 노인이 노인을 돌본다는 말이 남의 일이 아닌 시대다. 고령화로 치매나 중풍 등 일상생활이 어려워 돌봄이 필요한 노인의 수가 날로 증가했고, 기대수명 증가로 돌봄이 필요한 시간도 훨씬 길어진 탓이다. 가족 수는 현저히 줄었는데, 나가서 돈을 벌어야 하는 젊은 사람이 거동이 불편한 노인만 돌보고 있을 수는 없는 노릇이다.

이처럼 수요는 많아졌는데 공급이 줄어든 탓에 이른바 '돌봄의 공백'이 발생하게 되었고, 이로 인한 사회적 문제들이 심각한 정도에 이르렀다.

전통적 돌봄 기능 약화의 주요 원인
· 저출산으로 인한 가족 구성원 감소
· 여성의 사회참여 증가
· 이혼율 및 한부모가구 비율 증가
· 노인 부양비 증가
· 다문화 가정 비율 증가

사회적 돌봄 시스템

전통적 돌봄의 공백은 사회 발전에 따라 발생하는 현상이므로 점점 더 커지면 커졌지 줄어들지 않을 것이다. 대부분 선진국이 모두 겪은 일이고, 우리도 이미 그렇다.

노인 돌봄이 전통적인 가족 시스템으로 대처하기에 한계에 도달하면서 노인 돌봄, 즉 노인장기요양 문제를 사회적, 국가적 책임으로 인식하고 함께 부담해야 한다는 사회적 공감대가 형성되었다. 그동안 가족이 수행해온 돌봄 기능이 축소 및 상실되면서 노인 돌봄의 사회적 역할분담, 공공정책의 개입과 확대가 요청되기 시작한 것이다. 이를 '돌봄의 사회화'라고 한다.

> **돌봄의 사회화**
> 전통적 가족의 주요한 기능이었던 '돌봄' 기능이 가족구조의 변화, 사회경제적 변화로 인해 약화됨에 따라 가족의 돌봄 부담을 사회가 함께 부담하는 것으로 선진 복지국가의 주요한 정책 중 하나다.

모두를 위한 돌봄의 사회화

돌봄의 사회화가 꼭 돌봄을 수행하는 사람만을 위한 것은 아니다. 노인들은 양질의 돌봄을 받을 권리가 있고, 이를 국가 사회적 차원에서 지원한다는 의미가 있다.

초고령사회에서의 가족은 한쪽이 노후의 돌봄을 온전히 기대고, 다른 한쪽이 경제적 지원을 제공하는 서로 부담스러운 관계가 되어서는 안 된다. 이렇게 되면 가족끼리 갈등만 심화하고, 돌봄을 받는 쪽이나 제공하는 쪽 모두 괴로울 뿐이다. 초고령사회에서 돌봄은 사회가 함께 수행하고, 가족은 더 많이 소통하고 마음을 나누는 정서적 지지자로 전환되어야 한다.

선진국들은 이미 1990년대부터 노인장기요양 문제를 해결하기 위한 각종 제도를 마련하고 시행하고 있다. 일본의 개호보험, 독일의 수발보험 등이 대표적이다.

대한민국의
노인장기요양보험

시작

우리나라의 경우, 고령화사회 진입 시기는 선진국들보다 상대적으로 늦은 편이나 고령화 속도가 세계에서도 손꼽힐 정도로 가장 급격하게 진행된다는 점이 문제였다. 이에 2000년대 초에 장기요양제도에 관한 본격적인 논의가 시작되었고, 2007년에 4월에 노인장기요양보험법이 제정되었다. 그리고 이듬해인 2008년 7월부터 노인장기요양보험 제도가 시행되었다.

이로써 기초생활보장 수급 노인에게만 선별적으로 제공되던 장기요양급여가 65세 이상 장기요양급여가 필요한 모든 노인으로 확대되었다. 소득, 자산 및 부양 의무자 조사 없이 보편적으로 이용할 수 있게 된 것이다.

의미

노인장기요양보험 제도의 가장 큰 의미는 노인뿐 아니라, 그 가족의 부담을 덜어줌으로써 국민 전체의 삶의 질 향상에 기여한다는 데 있다.

우선 적절한 보호를 받지 못하던 노인들이 돌봄을 받을 수 있는 여건을 만들었다. 더불어 노인 돌봄으로 인한 가족 내 갈등 경감으로 육체적, 정신적으로 지치고 경제적 부담에 시달리던 가족들에게 실질적인 도움을 선물했다. 요양보호사 자격증 취득률이 크게 올랐고, 장기요양기관 취업자 수도 크게 늘어나 신규 일자리 창출에도 기여했다고 평가된다.

노인장기요양보험 제도는 장기요양이라는 사회적 도전과 새로운 복지 수요에 사회보험의 방식으로 대응하는 사회보장제도다. 곧 다가올 초고령사회에 부합하는 사회시스템으로의 변화가 요구되는 상황에서, 노인장기요양 분야는 현재 대한민국에서 가장 급격한 정책변화가 이루어지고 있는 영역 중 하나이다.

운영 구조

신체 및 정신적 기능 장애를 기준으로 수발 비용을 지급하며, 주로 비의료적 서비스로 구성되었다는 점에서 질병 치료를 목적으로 하는 국민건강보험 제도와 차이가 있다. 국민건강보험 제도와 별개로 운영되지만, 운영의 실효성을 위해 관리운영기관을 국민건강보험공단으로 일원화했다.

필요한 재원은 장기요양보험 가입자(국민건강보험 가입자와 동일)가 매달 납부하는 장기요양보험료 및 국가와 지방자치단체 부담금, 장기요양급여 이용자가 부담하는 본인 부담금으로 마련된다. 여기에서 장기요양보험료는 건강보험료액에 장기요양보험료율(2022년 현재 12.27%)을 곱하여 결정된다.

장기요양등급 인정

· **신청 자격**

- 소득수준과 관계없이 노인장기요양보험 가입자(국민건강보험 가입자

와 동일)나 그 피부양자면 모두 가능

· 조건

- 65세 이상 노인, 노인성 질병(치매, 중풍, 파킨슨병 등)으로 일상생활이
  어려운 65세 미만인 자

· 판정 기준

- 장기요양인정 점수, 신청자가 제출한 의사 소견서

등급	내용	장기요양 인정 점수
1등급	심신의 기능상태 장애로 일상생활에서 전적으로 다른 사람의 도움이 필요한 자	95점 이상
2등급	심신의 기능상태 장애로 일상생활에서 상당 부분 다른 사람의 도움이 필요한 자	75점 이상 95점 미만
3등급	심신의 기능상태 장애로 일상생활에서 부분적으로 다른 사람의 도움이 필요한 자	60점 이상 75점 미만
4등급	심신의 기능상태 장애로 일상생활에서 일정 부분 다른 사람의 도움이 필요한 자	51점 이상 60점 미만
5등급	치매(노인장기요양보험 시행령 제2조에 따른 노인성 질병에 해당하는 치매로 한정) 환자	45점 이상 51점 미만
인지지원 등급		45점 미만

〈표1. 등급 판정 기준〉

· 장기요양급여 이용

- 등급과 유효기간이 적힌 장기요양인정서를 받은 날부터 장기요양기
  관과 직접 계약 체결하고 급여를 받을 수 있음

– 유효기간 종료 90일 전부터 30일 전까지 갱신 신청, 동일 등급으로

   판정 시 유효기간 연장 가능

등급	1등급	2등급	3등급	4등급	5등급	인지지원 등급
유효기간	4년		3년			2년
이용 가능한 장기요양 급여	재가급여 / 시설급여 치매가족 휴가제 (종일 방문요양)		재가급여			주·야간 보호급여
	특별현금급여(가족요양비)					
	치매가족 휴가제(단기보호급여), 기타 재가급여(복지용구)					

〈표2. 등급별 이용 가능한 장기요양급여〉

장기요양급여 종류

장기요양급여는 크게 재가급여, 시설급여, 특별현금급여(가족요양비)로 구분된다. 중복하여 이용할 수 없으나, 특별현금급여 지급 대상자는 복지용구를 추가로 이용할 수 있다. 각 급여의 구체적인 내용은 다음과 같다.

(1) 재가급여

· 방문요양

요양보호사가 수급자의 가정 등을 방문하여 신체활동 및 가사 활동 등을 지원한다.

· 방문목욕

요양보호사가 목욕설비를 갖춘 장비(차량)를 이용하여 수급자의 가정 등을 방문하여 목욕을 제공한다.

· 방문간호

간호사, 간호조무사, 치과위생사가 수급자의 가정 등을 방문하여 의사, 한의사 또는 치과의사의 방문간호 지시에 따라 간호, 진료의 보조, 요양에 관한 상담 또는 교육, 구강 위생 등을 제공한다.

· 주·야간 보호

수급자를 하루 중 일정한 시간 동안 장기요양기관에 보호하여 신체·인지 활동 지원, 심신 기능의 유지 및 향상을 위한 교육과 훈련을 제공한다.

· 단기보호

수급자를 월 9일 이내로 장기요양기관에 보호하여 신체활동 지원 및 심신 기능의 유지 및 향상을 위한 교육·훈련 등을 제공한다.

· 복지용구

수급자의 일상생활 또는 신체활동, 인지기능의 유지 및 향상에 필요한 용구를 구입하거나 대여해준다. 보건복지부 장관이 정하여 고시하는 것으로 예를 들어 휠체어, 전동·수동 침대, 목욕 리프트, 욕창 예방 매

트리스·방석, 이동 욕조, 성인용 보행기 등이 여기에 해당한다.

(2) 시설급여

· 노인요양시설

장기간 입소한 수급자에게 신체활동 지원, 심신 기능의 유지 및 향상을 위한 교육과 훈련을 제공한다. 입소정원은 10명 이상이다.

· 노인요양공동생활가정

장기간 입소한 수급자에게 가정과 같은 주거여건에서 신체활동 지원, 심신 기능의 유지 및 향상을 위한 교육과 훈련을 제공한다. 입소정원은 5~9명이다.

(3) 특별현금급여(가족요양비)

장기요양기관이 현저히 부족한 지역(산간벽지나 도서 지역)에 거주하는 수급자, 천재지변이나 신체·정신·성격 등의 이유로 장기요양기관이 실시하는 장기요양급여 이용이 어렵다고 인정된 수급자에게 지급하는 현금급여다. 가족 등으로부터 방문요양에 준하는 돌봄 서비스를 받을 때, 매월 해당 수급자에게 15만 원을 지급한다.

(4) 치매가족 휴가제

치매를 앓는 수급자 가족이 여행 등 일시적 휴식이 필요한 경우에 1년에 8일 이내에 단기보호 혹은 종일 방문요양을 이용할 수 있다. 이 중에서 1~2등급 치매 수급자만 이용할 수 있는 종일 방문요양은 회당 12시간 동안 요양보호사가 수급자의 가정에서 일상적인 돌봄 서비스를 제공한다.

제2장

장기요양
사업을
분석하다

노인장기요양보험 제도와 그 선봉에 선 장기
요양사업은 노인 삶의 질을 향상하는 가장
적극적이고 효과적인 장치다. 이 장에서는
장기요양사업과 시장을 사업적 관점에서 분
석하고, 이를 통해 사업의 미래를 예측, 전망
해본다.

장기요양사업에서 가장 주목해야 할 부분은
바로 '수요가 마르지 않는 시장'이라는 점이
다. 늘어나는 고령인구를 바탕으로 수요는
계속 확대될 것이고, 그만큼 시장 잠재력이
크다.

장기요양사업이란 무엇인가?

정의: 무슨 사업인가?

장기요양사업이란, 간단히 말해서 '장기요양기관을 설립해 노인에게 장기요양급여를 제공하는 사업'이다.

장기요양기관은 노인복지법 제31조에 따른 노인복지시설 여섯 가지 중에서 '노인의료복지시설'과 '재가노인복지시설' 두 가지만을 가리킨다. 노인복지법 제31조에 따른 노인복지시설 6가지는 노인의료복지시설, 재가노인복지시설, 노인주거복지시설, 노인여가복지시설, 노인보호전문기관, 노인일자리지원기관이다.

각종 노인 관련 시설 및 기관의 명칭을 혼동하거나 무심코 구분 없이 쓰는 경우가 종종 있다. 이와 관련해서 〈표3. 노인복지시설과 장기요양기관〉을 참고하기 바란다.

노인복지시설					
장기요양기관 ○		**장기요양기관 ×**			
노인의료 복지시설	재가노인 복지시설	노인주거 복지시설	노인여가 복지시설	노인보호 전문기관	노인일자리 지원기관
노인요양시설 노인요양공동 생활가정	방문요양 방문목욕 방문간호 주·야간보호 단기보호 재가노인지원 복지용구지원	양로시설 노인공동생활 가정 노인복지주택	노인복지관 경로당 노인교실	중앙노인보호 전문기관 / 지역노인보호 전문기관	노인일자리 지원기관
노인요양공동생활가정: 실무 현장에서는 '공생' 혹은 '그룹홈'으로 부르기도 한다.					

〈표3. 노인복지시설과 장기요양기관〉

편의상 노인의료복지시설을 '시설급여 기관(시설급여 제공기관)'
으로, 재가노인복지시설을 '재가급여 기관(재가급여 제공기관)'으로
간단히 부른다.

일반적으로 개인이 장기요양사업을 한다면 재가급여 기관에
서부터 시작하므로 이 책에서도 이를 중심으로 다루고자 한다.
복지용구 전문매장(판매·대여), 노인주야간보호센터 또는 데이케
어, 방문요양, 방문간호 등의 상호를 달고 운영하는 곳들이 여
기에 해당한다.

꼭 기억해야 할 것은 장기요양기관은 '노인장기요양보험법'의
적용을 받지만, 기관의 설치 및 운영에 관해서는 '노인복지법'

을 따른다는 점이다. 그러므로 사업을 시작하려면 반드시 '노인 복지법 시행규칙'을 살펴야 하며, 사업을 시작한 후에도 수시로 열람해서 각종 실무 관련 내용을 확인해야 한다. 특히 시행규칙 하단에 포함된 별표와 별지서식을 꼼꼼히 볼 필요가 있다. 노인 복지법 시행규칙은 인터넷에서 쉽게 찾아볼 수 있다.

특징: 어떤 사업인가?

장기요양사업은 여타의 일반적인 사업과 분명히 구분된다. 다음은 저자가 직접 경험하면서 느낀 이 사업의 특징들이다.

(1) 장기간에 걸쳐 지속적으로 할 수 있다

장기요양급여 수급자(1~5등급, 인지지원 등급)는 노인성 만성질 환자다. 급성질환이야 짧은 기간 내에 치료가 이루어지고 완치 를 목표로 하지만, 노인성 만성질환은 애초에 완벽한 치료가 어 렵기에 치료가 아니라 기능 유지를 목표로 삼는다. 생사에 관련 된 문제가 아니라 노년의 삶의 질 향상, 편안함, 안락함 등과 관 련된 문제인 것이다. 충분한 영양 공급과 의료기술의 발달로 장 수 노인이 늘어나는 만큼, 장기간에 걸쳐 장기요양급여를 제공 해야 한다.

알다시피 요즘은 아무리 잘나가던 사업 아이템도 불과 몇 개월 만에 온데간데없이 자취를 감추는 일이 비일비재하다. 이처럼 시장이 급변하는 시대에 장기요양사업은 어느 정도 궤도에 오르면 '오랫동안 꾸준히' 할 수 있는 흔치 않은 사업이다.

(2) 사업의 내용이 법령으로 엄격히 관리된다

노인장기요양보험법이나 노인복지법 시행규칙을 읽어보면 기관의 설치부터 관리, 운영까지 정말 세세하게 법령으로 규정되었음을 알 수 있다. 장기요양사업은 그 내용을 그대로 따르면서 이루어지며, 사업자가 임의대로 변경하거나 추가, 삭제할 수 없다. 그러다 보니 대단한 사업적 창의력이나 혁신성이 필요하지는 않다.

도전적이고 모험적인 사업 스타일을 추구한다면 다소 답답하다고 느낄지도 모르겠다. 하지만 요즘처럼 불확실한 시대에 법령을 따르기만 해도 큰 무리 없이 사업을 꾸려나갈 수 있다는 점은 정말 탁월한 장점이다.

(3) 이용자뿐 아니라 보호자의 니즈도 중요하다

대다수의 경우에서 기관 선택이나 이용의 결정은 본인보다 배우자나 자녀 등 보호자에 의해 주도된다. 특히 당사자가 노화나 치매 등으로 인해 정상적인 의사결정을 하기 어려운 상황이라면 보호자에 의해 의사결정이 내려진다. 각자 상황에 따라 미세한 차이는 있겠지만, 사실 보호자가 장기요양기관에 원하는 것은 단순하다. 자신이 자리를 비운 동안, 노인이 아무 탈 없이, 안전하고 편안하게 생활하기만 하면 된다. 보호자에게 이 부분에 대한 확신을 준다면 크게 문제가 생길 일이 없다.

(4) 가격 탄력성이 낮다

가격 탄력성이란 가격이 1% 변화했을 때, 수요가 몇 %나 변화하는지를 나타내는 지표다. 예를 들어 일상생활에 꼭 필요하지 않은 사치품은 가격이 올라가면 제일 먼저 포기하게 되므로 가격 탄력성이 높다고 할 수 있다.

장기요양사업은 가격 탄력성이 무척 낮은 사업이다. 국가에서 전체 사업을 계획, 운영하고 비용을 지원하기 때문이다. 쉽게 말해서 이용자들은 장기요양기관을 선택할 때, 가격 요소를 크게 중요하게 생각하지 않는다.

앞에서 언급했듯이 향후에는 인구 고령화로 대부분 국민에게 장기요양급여가 필요하게 될 것이다. 수요가 꾸준히 뒷받침되는 만큼, 고객 유치나 확보보다는 전체적인 서비스의 질과 이미지 향상, 유기적 시스템 운영에 더 힘쓸 필요가 있다.

> **장기요양사업은,** · 장기간 꾸준히 할 수 있는 사업이다.
> · 법령으로 엄격히 관리되는 사업이다.
> · 이용자, 보호자, 지역적 특성을 모두 고려해야 하는 사업이다.
> · 가격 탄력성이 낮은 사업이다.

장기요양 시장의 변천

도입기(2008년 7월~)

2008년 7월에 우리나라에서 노인장기요양보험 제도가 시행되었을 때, 장기요양사업은 저출산, 인구 고령화 시대에 가장 주목할 만한 사업으로 손꼽혔다. '황금알을 낳는 사업'이라고 불릴 정도였는데 그도 그럴 것이 수요는 많은데 공급이 턱없이 부족했기 때문이다.

2008년 말의 장기요양기관 수는 2021년 말의 3분의 1도 채되지 않는 수준이었다. 하지만 당시는 노인장기요양보험 제도 자체에 대한 이해가 부족하던 때였다. 장기요양기관이 무엇인지도 모르는 사람이 대부분이었다. 이후 장기요양급여와 기관에 대한 인식이 확장되면서 점차 자리를 잡았다.

성장기(2010년~)

노인장기요양보험 제도가 시행된 지 3~4년이 지나면서 기관 수도 점차 늘어났다. 도입기에 시작한 기관들은 초기 인지도를 바탕으로 적응력을 발휘해 사업을 확대했고, 새로 진출한 기관들은 꾸준히 늘어나는 수요 덕분에 안정적으로 성장할 수 있었다.

	2008년	2012년	2015년	2018년	2019년	2020년	2021년
총계	8,318	15,056	18,002	21,290	24,953	25,383	26,547
시설급여 기관	1,700	4,326	5,085	5,320	5,543	5,762	5,988
재가급여 기관	6,618	10,730	12,917	15,970	19,410	19,621	20,559

자료 출처: 국민보험공단 홈페이지 　(단위: 개)

〈표4. 연도별 장기요양기관 수 변화〉

성숙기(2018년~)

현재 장기요양 시장은 이미 성숙기에 접어들었다. 일반 시장의 경우, 성숙기에 접어들면 소비자들이 제품을 거의 구매한 상태가 되어 판매량이 떨어지고 이익이 감소하는 경향을 보이나 장기요양 시장은 양상이 좀 다르다. 수요가 빠른 속도로 계속 생겨나기 때문이다.

인구 고령화가 급속도로 진행되고, 특히 80세 이상의 초고령 인구의 증가가 더 빨라지면서 장기요양이 필요한 노인층이 점차 확대되고 있다. 여기에 저출산, 핵가족화, 사별, 이혼, 독신 등을 이유로 3인 이상 가구의 비중은 줄어들고, 2인 이하 가구의 비중이 급격히 증가하고 있으며 이런 추세는 앞으로도 계속될 것으로 보인다. 이에 따라 인구 고령화와 가족구조 및 기능의 변화 등으로 가족 또는 친지 등이 직접 노인을 돌보는 일은 현실적으로 어려워지고, 공적 장기요양의 필요성이 커질 것으로 전망된다.

수요가 마르지 않는 시장

늘어나는 고령인구, 확대되는 수요

알다시피 어떤 사업이 장기간 안정적으로 계속되려면 반드시 충분한 수요가 확보되어야 한다. 얼마나 오랫동안 충분한 수요를 확보하느냐가 사업 성공의 관건이자 그 사업의 미래를 보여주는 핵심 요소라 해도 과언이 아니다.

장기요양기관은 제도가 시작된 후로 꾸준히 증가했다. 물론 이런저런 이유로 폐업하는 곳도 있지만, 전체적으로 기관 수가 증가했다는 말은 폐업하는 기관보다 더 많은 기관이 신설되었다는 의미다. 특히 재가급여 기관의 증가세가 두드러진다.

〈표5. 연도별 고령인구 증가 현황〉에서 보듯이 우리나라는 전년 대비 인구성장률이 꾸준히 하락하는 반면, 총인구에 대한

고령인구의 구성비는 빠른 속도로 상승하고 있다. 이러한 증가세는 이전에 발표한 추정 통계보다 앞서 나가는 것으로 인구 고령화가 예상한 것보다 훨씬 빠르게 진행되고 있다는 의미다.

	2014년	2015년	2016년	2017년	2018년	2019년	2020년	2021년
총 인구 (인구 성장률)	50,747 (0.63%)	51,015 (0.53%)	51,218 (0.40%)	51,362 (0.28%)	51,585 (0.43%)	51,765 (0.35%)	51,836 (0.14%)	51,745 (−0.18%)
고령 인구수 (구성비)	6,277 (12.4%)	6,541 (12.8%)	6,757 (13.2%)	7,066 (13.8%)	7,366 (14.3%)	7,689 (14.9%)	8,152 (15.7%)	8,571 (16.6%)

자료 출처: 통계청 「주요 인구지표」 (단위: 천 명)

〈표5. 연도별 고령인구 증가 현황〉

2021 고령자 통계

통계청에서 발표한 「2021 고령자 통계(2021. 09)」를 보면 장기요양사업의 미래에 유의미한 자료가 많다.

특히 눈에 띄는 자료는 가구주의 연령이 65세 이상인 '고령자 가구'의 증가다.

	2014년	2021년	2025년	2030년	2035년	2040년	2045년
총 가구	19,013	20,573	21,342	22,036	22,497	22,651	22,456
고령자가구	3,664	4,732	6,011	7,438	8,788	10,012	10,747
고령자 1인 가구	1,223	1,661	2,064	2,586	3,131	3,623	3,933

자료 출처: 통계청 「2021 고령자 통계」 (단위:천 가구)

〈표6. 고령자 가구 증가 현황〉

〈표6. 고령자 가구 증가 현황〉에서 보듯 머지않아 고령자로만 이루어진 가구가 전체 가구 수의 절반을 넘어서는 때가 온다. 당장은 미혼 자녀와 같이 살아도 자녀가 취업, 혼인 등으로 분가하면 꼼짝없이 노인들끼리만 살아야 한다. 이러한 '노인이 노인을 돌보는' 상황은 당사자에게도, 가족들에게도 적잖이 걱정스럽고 두렵기까지 한 일이다. 사회적 돌봄의 수요가 높아지고 이에 따라 장기요양 시장이 꾸준히 확장되리라는 전망이 가능한 자료다.

'기대여명'에 관한 자료도 상당히 유의미하다. 기대여명이란 '특정 시점에서 앞으로 더 생존할 수 있다고 예상되는 기간'을 가리킨다. 통계에 따르면 2019년 기준, 우리나라 65세 생존자의 기대여명은 21.3년(남자 19.1년, 여자 23.4년)으로 OECD 평균보다 남자는 0.8년, 여자는 1.8년 더 높았다.

기대여명의 연장은 곧 돌봄이 필요한 후기고령자(75세 이상의 고령자)의 증가를 의미한다. 통계청에 따르면 2035년에 후기고령자는 약 709만 명으로 전체 노인의 47%를 차지하게 될 전망이다. 즉 잠재적 장기요양 대상자가 계속 증가하는 것이다.

이상의 내용을 종합해볼 때, 우리나라의 인구 고령화는 생각보다 더 빠르게 진행될 것으로 보인다. 가구주 및 구성원 중 고령자의 비율이 높아지며, 이들 고령인구의 기대여명이 높아짐

에 따라 노인장기요양보험 제도가 보장해야 할 연령대가 점점
더 넓어질 전망이다.

시장 잠재력

국민건강보험공단에서 발간한 「2020 노인장기요양보험 통
계연보」에 따르면, 2020년 12월 말 기준으로 의료보장 인구 중
65세 이상 노인은 약 848만 명인데 장기요양급여 인정자는 약
86만 명으로 나타났다. 제도 도입 당시에는 약 21만 명이었다.

구분	2016년	2017년	2018년	2019년	2020년 (전년대비 증감률)
65세 이상 노인 인구	6,940	7,310	7,612	8,003	8,480 (6.0%)
장기요양급여 인정자	520	585	671	772	858 (11.1%)
노인 인구 대비 인정률	7.5%	8.0%	8.8%	9.6%	10.1%

자료 출처: 국민건강보험공단 「2020 노인장기요양보험 통계연보」 (단위:천 명)

〈표7. 연도별 장기요양급여 인정자 증가 현황〉

〈표7. 연도별 장기요양 인정자 증가 현황〉을 보면 2020년
12월 기준, 노인 전체 인구는 전년 대비 6.0% 증가했는데, 장
기요양급여 인정자는 전년 대비 11.1% 증가했다. 즉, 노인 인
구 증가율보다 장기요양급여 인정자의 증가율이 훨씬 더 가파
르게 상승하고 있다는 이야기다. 인구 고령화 과정에서 수급자
규모가 더욱 탄력적으로 증가하리라 예상되는 자료다. 2020년

노인 인구 대비 인정률이 10.1%에 달하면서 노인 10명 중 1명이 노인장기요양보험 제도의 혜택을 받게 되었다.

고객 없이 사업을 시작하는 것은 암흑 속에서 길을 걷는 것과 같다고 했다. 실제로 많은 사업가가 수요를 만들거나 찾으려고 끊임없이 아이디어를 짜고, 밤낮없이 발로 뛰곤 한다. 이 시대에 수요가 마르지 않는 시장, 시간이 흐를수록 점점 더 수요층이 확대되는 시장이라면 단 하나, 노인장기요양 시장뿐이다.

노인장기요양 시장의 수요 전망
· 총인구 증가율 하락, 고령인구 증가율 상승
· 고령자 가구 증가
· 기대여명 연장으로 인한 후기고령자 증가
· 장기요양급여 인정자 증가

노인장기요양보험 제도와 이 제도를 둘러싼 시장은 계속 확대되면 확대되지, 축소될 가능성은 없다.

나라가 운영하고 국민이 세금을 내면서 밀어주는 장기요양사업은 가장 안정적으로 수요가 확보된 평생 비즈니스 모델이라 할 수 있다.

장기요양사업은
시대의 대세다

시대적 요구

최근 혼술, 혼밥 등의 신조어를 만들어낸 '1인 가구의 증가'는 일종의 사회 트렌드에 가깝다. 그러나 고령인구, 고령자 가구 등의 증가는 단순히 트렌드에 그치지 않으며, 합당한 복지방안을 마련해야 하는 당면한 사회문제로 보고 대처해야 한다.

우리 정부가 재정 투입을 아끼지 않으며 노인장기요양 분야의 수준을 향상하고자 애써온 까닭도 초고령사회로의 진입을 맞이하여 여러 사회적인 준비가 필요하기 때문이다. 현재 노인 장기요양보험 제도는 인구 고령화, 저출산 등 급격한 인구구조 변화를 겪고 있는 우리나라에서 국가 차원의 사회 안전망으로서 기능한다.

전 세계적으로 초고령사회를 향해 내달리는 지금, 노인장기요양제도의 수준이 곧 그 국가나 사회의 복지 수준을 가늠하는 가장 중요한 기준이 되었다. 초고령사회를 목전에 둔 대한민국에서 노인장기요양보험 제도는 앞으로 사회, 정치, 경제 등 모든 방면에서 주목하는 가장 뜨거운 화두 중 하나가 될 것이다. 이런 상황에서 초고령화를 대비해 마련한 노인장기요양보험 제도가 더욱 확대되고 진화할 것은 불 보듯 뻔한 일이다.

정부의 적극적인 사업 추진

우리나라는 사회적 돌봄의 중요성을 심각하게 인식하고 체계적으로 대응하며, 전체적인 제도를 OECD 수준에 맞추고자 꾸준히 노력해왔다. 제도 초기에 3등급이었던 장기요양인정 등급을 2014년에 5등급으로 확대 개편한 일이나, 2020년에 장기요양인정 유효기간을 기존 1년에서 2년 이상으로 확대 적용한 일도 모두 같은 맥락이라 할 수 있다.

공단 부담금 역시 꾸준히 큰 폭으로 증가하고 있다. 2020년 공단 부담금은 8조 8,827억 원(연말 지급기준)이다. 이는 전년도인 2019년(7조 7,363억 원) 대비 14.8%, 4년 전인 2016년(4조 4,177억 원) 대비 50% 이상 증가한 액수다. 특히 재가급여 부문에서 증가 폭이 크다.

2008년 건강보험료 납부액의 4.05%로 시작한 장기요양보험 요율은 꾸준히 상승해 2022년 현재, 12.27%가 되었다. 노인장기요양보험의 재원을 더 많이 확보하고 안정적으로 운영하려는 정부의 의지가 보이는 부분이다.

앞으로도 정부는 끊임없이 투자를 계속해 시스템, 운영, 규모, 재정, 서비스 질, 제도 안정성 등을 모두 선진국 수준으로 끌어올리고자 할 것이다.

가장 안정적이고 유망한 사업

아직은 각 산업의 중심이 청소년, 직장인, 여성 등에 맞춰져 있으나 머지않아 사회, 경제, 정치 등 각 분야가 점차 고령인구 중심으로 재편될 것이다. 미국, 일본, 유럽 등 베이비부머 세대의 고령화가 우리보다 먼저 진행된 나라들은 이미 고령인구 중심으로 시장을 새롭게 형성하고 인구구조 변화에 따른 유연한 산업정책을 펼치고 있다.

경제경영 전문가들이 꼽는 미래에 가장 대표적이고 유망한 사업 분야가 '요양'이고, 나라에서 추진하는 요양사업이 바로 노인장기요양사업이다. 노인이 중심이 되는 가까운 미래에 장기요양사업은 넘쳐나는 수요를 바탕으로 가장 안정적이고, 가장 유망하며, 가장 가치 있는 사업이 될 것이 분명하다.

장기요양사업에 관한
오해들

장기요양사업을 두고 '처음에는 괜찮았을지 몰라도 이제는 너무 늦었다'라며 부정적으로 전망하는 사람들이 있다. 이런 사람들이 내세우는 이유는 주로 '기관 난립으로 인한 경쟁 과열', '정부의 강력한 규제와 간섭' 등이다. 한 동네에도 방문요양, 방문목욕, 주·야간 보호 등의 간판을 단 장기요양기관이 몇 개씩 있다느니, 깐깐한 감사를 받아가며 힘들게 일해도 막상 손에 쥐는 건 얼마 안 된다느니, 그래서 폐업률이 높다느니 하는 이야기를 늘어놓는다.

내가 보기에는 전부 한마디로 '모르는 소리'다!

수요 vs. 공급

우선 경쟁에 대해 말해보자.

장기요양사업은 동네에서 편의점이나 치킨집을 운영하는 것과 전혀 다르다. 알다시피 한 지역 안에서 하루 편의점 이용객 수나 치킨 주문자 수는 제한적이다. 약간의 변화는 있을 수 있어도 수요가 파격적으로 늘어날 일이 좀처럼 없다. 수요는 한정되었는데 새로운 공급자가 자꾸만 생겨나니 각자 가져가는 몫이 작을 수밖에 없다. 결국에는 선발주자나 후발주자 모두 서로 경쟁에 시달리다가 둘 다 주저앉는 경우가 허다하다.

반면에 장기요양사업은 노인, 즉 수요가 앞으로도 계속, 그것도 아주 빠른 속도로 증가한다. 불과 3~4년 후에 초고령사회로 접어들고, 돌봄이 꼭 필요한 후기고령자층이 훨씬 두터워지면 오히려 공급이 부족할 판이다. 늦기는커녕 지금이 바로 이 시장에 뛰어들어야 할 때다.

사회적 돌봄의 필요성이 강조되는 사회 분위기도 장기요양사업에 유리한 요소다. 저출산, 비혼과 만혼, 이혼율 증가 등으로 가족 내에서 돌봄을 책임질 사람이 차츰 사라지면서 사회적 돌봄에 대한 수요가 더욱 커질 것이 틀림없다.

규제와 간섭이 아니라 관리와 감독

장기요양사업은 나랏돈으로 굴러가는 사업이다. 그러다 보니 사업 초기 비용이나 운영비 등이 크게 들어갈 일이 없고, 심지어 세금마저 없다. 나라 입장에서는 사실상 나라 자금을 지원하니 당연히 바르게 쓰이고 있는지 확인해야 하지 않겠는가! 알아야 할 정보들을 요구하는 데 불과하므로 규제와 간섭이라기보다는 관리와 감독이다. 나랏돈을 받아서 복지자원을 민간에 전달하는 사업을 하면서 이 정도의 관리와 감독마저 꺼린다면 곤란하다.

이 사업의 최고 장점은 바로 '안정적'이라는 점이다. 허튼짓 안 하고 정해진 법령과 업무 규정을 그대로 따르기만 하면 매달 꾸준한 매출이 보장되고, 다른 사업처럼 자질구레하게 신경 쓸 부분도 없다. 한번 이 사업에 뛰어들면 손을 떼지 못하는 이유다. 이 내용에 관해서는 뒤에서 다시 한번 자세히 다룬다.

폐업률이 높다?

인터넷에 '장기요양기관 폐업률'을 검색하면 '절반이 폐업', '폐업률 51%, 정부 정책은 오리무중' 등의 자극적인 기사 제목

이 먼저 보인다. 어떤 사람은 높은 폐업률을 들먹이며 지금 해봤자 영세 사업자로 고생만 하다가 곧 문을 닫게 될 거라고 말하기도 한다. 물론 공신력 있는 관련 기관에서 발표했으니 틀린 수치는 아니다. 하지만 보이는 폐업률의 이면에 있는 속사정, 즉 실제 폐업의 원인이나 상황은 별개의 문제임을 알아야 한다. 알다시피 폐업률은 폐업 신고를 한 기관 수로 산출한 값이다. 생각해보자. 폐업 신고란 현 사업장의 문을 닫겠다는 말이지, 이 사업 자체에서 아예 손을 떼겠다는 의미가 아니다.

그럼 왜 폐업률이 왜 높은가?

폐업이 유지보다 더 유리하다고 판단했기 때문이다. 장기요양기관은 수많은 세세한 규정을 따라서 운영해야 한다. 그러다 보니 종종 한두 가지 사소한 실수나 착오로 인해 일시적인 영업 정지 상황에 놓일 수 있다. 이렇게 되면 기관 이미지가 실추되기도 하고 그동안 열심히 확보해 놓은 이용자를 놓칠 수 있으므로 아예 폐업 신고를 하는 것이다. 대부분 경우, 대체기관을 설립해 놓고 폐업하거나 자리를 옮기거나 시스템을 재정비해서 새롭게 기관을 연다. 즉 폐업하는 만큼 창업하는 셈이다. 이를 전환적 폐업이라고 한다. 이것이 바로 장기요양기관 수가 계속 꾸준히 증가하는 이유다. 폐업하는 사업장은 있어도, 이 사업의 맛을 한번 본 사람치고 이 사업 자체를 안 하는 사람은 없다.

장기요양사업 최고의 강점은 바로 '끊임없이 늘어나는 수요'

와 '안정성'이다. 사업하는 사람한테 이렇게 매력적인 요소가 또 있겠는가! 뒤에서 다시 자세히 다루겠지만, 이런 사업의 맛을 한번 본 사람이 제 손으로 사업을 그만두는 일은 거의 없다고 해도 과언이 아니다.

제3장

조보필의 장기요양사업

조보필의 장기요양사업은 우리나라에서 노
인장기요양보험 제도가 시작됨과 거의 동시
에 함께 시작되었다. 13년이 넘는 세월 동안,
내게 있어 장기요양사업은 늘 '할수록 좋은
사업'이었다. 이 장에서는 나의 장기요양사
업 여정을 하나씩 짚어가며 그때마다 깨닫고
실천한 일들, 각 기관을 운영하면서 느꼈던
바를 소개한다. 나의 주관적 경험을 토대로
쓴 글이고 독자들의 상황이 제각기 다르니
그대로 적용할 수는 없겠지만, 장기요양사업
창업을 꿈꾸는 분들에게 분명히 도움이 되리
라 믿는다.

장기요양사업을
시작하다

장기요양사업을 결심한 이유

돌이켜보면 나는 크게 두 가지 이유에서 장기요양사업을 하겠다고 결심했다.

첫째, 장기요양사업은 나라에서 하는 사업인 만큼 모든 부분이 분명하고 확실했다. 사업 전반에 관계된 업체, 기관, 인력 사이에 서로 자원을 주고받는 과정과 방식이 모두 완벽하게 투명하고, 나라에서 꼼꼼히 확인, 보장까지 해주는 사업이었다. 나는 직장생활을 하면서 사업에서 돈과 물자를 주고받는 일이 얼마나 어렵고 심신이 고생스러운 과정인지 실감해온 사람이었다. 이런 나에게 '결제 안정성'은 더할 나위 없이 매력적인 장점이었다.

둘째, 장기요양사업은 경제적 가치와 함께 사회적 가치까지 창출할 수 있었다. 나는 이 사업을 알기도 전에 이미 아내와 함께 사회복지사 자격증을 취득해 둔 상태였다. 나중에 나이가 더 들어도 자격증이 있으면 사회복지 분야에서 작은 역할이라도 하는 데 도움이 되지 않을까 하는 막연한 생각에서였다. 구체적인 계획은 없었지만, 평소 자원봉사나 이웃돕기 등의 사회활동에 적극적인 내 성향으로 봤을 때 왠지 그럴 것만 같았다.

이상의 두 가지는 내가 이 사업을 과감하게 추진케 하는 데 충분한 이유였다. 그리고 지금은 내가 이 사업을 평생 사업으로 강력하게 추천하는 이유이기도 하다.

노인장기요양보험을 전파하라!

복지용구 제조·유통업을 하시는 동네 형님한테서 권유받았기에 나의 첫 장기요양사업은 자연스럽게 복지용구 사업소가 되었다. 2008년 7월에 우리나라에 노인장기요양보험 제도가 처음 시행되었고, 이 사업 이야기를 처음 들은 때가 같은 해 11월이었다. 그리고 두 달 후인 2009년 1월에 매장을 열었으니 정말 초창기부터 시작한 셈이다. 그때는 노인장기요양보험 제도나 복지용구가 정확히 뭔지도 모르는 사람이 태반이었다.

너무 초창기이다 보니 판로개척이나 마케팅은 둘째치고 우선 여기가 뭐 하는 매장인지부터 알리는 것이 중요했다. 그래서 복지용구 중에서도 수요가 많을 만한 지팡이나 당시에는 좀 이색적이었던 실버카(보행보조차), 목욕의자, 이동변기 등 지나는 사람들의 눈길을 잡을만한 용구를 매장 전면에 잘 보이게 진열했다. 낯설고 신기하기까지 한 물건들이 있으니 사람들이 호기심을 보이기 시작했다.

몇 번 오가면서 '저런 물건은 연로하신 우리 어머니가 쓰시면 참 안전하고 편하겠다'라는 생각이 드는 사람은 문을 열고 들어와 용도나 가격을 물었다. 이때 정가를 그대로 말하면 대부분 '생각보다 꽤 비싸구나!' 하는 표정이 되돌아온다. 그러면 사용하실 분이 65세 이상 노인인지 묻고, 그렇다면 정가의 15%에 구매하는 방법이 있다고 알려드린다. 이때부터 우리는 '노인장기요양보험 홍보요원'이 된다.

"이번에 나라에서 노인장기요양보험 제도라는 걸 시작했습니다. 어르신께서 요양등급을 받으시면 여기 이런 복지용구나 집으로 방문요양서비스를 받을 수 있습니다. 나라에서 85%를 지원하고 본인은 15%만 내면 됩니다. 요양등급을 직접 받으려면 번거로우니 저희가 도와드리겠습니다……."

유치가 아니라 발굴

처음이나 그랬지 지금은 상황이 다르리라 생각한다면 오산이다. 아직도 노인장기요양보험 제도, 요양등급, 장기요양급여 같은 말이 무슨 의미인지 정확히 모르는 사람이 꽤 많다. 건강보험료 고지서에 건강보험료의 12.27%(2022년 기준)인 장기요양보험료가 버젓이 명시되었으나 제대로 보지도 않고 넘긴다. 방문요양, 재가복지, 주야간보호센터……, 집 근처 건물에 이런 간판이 있어도 눈여겨보는 사람은 드물다.

건강보험과 달리, 노인 돌봄 문제가 당장 본인이나 가족에게 닥친 일이 아니라면 대부분 그렇다. 보통은 집안에 돌봄이 필요한 노인이 생기면 그제야 부랴부랴 알아본다.

타 업계는 고객을 '유치'한다거나 '모집'한다고 하지만, 우리는 '발굴'이라는 표현을 쓴다. '발굴'의 사전적 의미는 '묻혀 있는 것을 찾아서 파내는 행동'이다. 지금도 노인장기요양보험 제도의 혜택을 받을 자격이 되는데도 제도 자체를 모르거나 어떻게 해야 하는지 몰라서 이용하지 않는 분들이 많이 있다. 다양한 루트를 통해 이런 분들에게 적극적으로 제도를 알리고 내 기관으로 모시는 일이 중요한데 이때 가장 기본적인 동시에 중요한 서비스가 바로 '요양등급 신청 도움'이다. 요양등급을 받는 일이 우선이고 돌봄은 그 이후의 일이므로 등급신청과정이 막힘없이 일사천리로 진행되어야 한다.

가장 잘해야 하는 일

장기요양기관은 노인장기요양보험이라는 제도 안에 포함된 사업장이므로 제도를 홍보하고 널리 전파하는 일을 중요한 업무로 보고 적극적으로 해야 한다. 일단 뭔지 알아야 이용하는데 아직도 잘 모르는 사람이 많기 때문이다.

전문적이고 충분한 상담을 통해 요양등급신청을 위한 도움을 제공하고, 이용자의 니즈를 파악해서 필요한 요양급여를 충분히 이용할 수 있도록 A부터 Z까지 전반적인 진행을 도와드려야 한다. 그래야만 만족도를 극대화해 내 기관의 어르신으로 모실 수 있다.

요양등급 신청 대행이 중요한 이유는 어르신들이 특별한 이유가 있지 않은 한, 기관을 바꾸는 일이 극히 드물고 보통 첫 기관을 꾸준히 이용하기 때문이다. 어르신과 보호자들은 체감상 저렴한 가격에 수준 높은 장기요양급여를 받는다는 사실 자체에 무척 만족하기 때문에 어지간해서는 큰 불평불만이 없다. 공단이 정한 요양수가가 있으므로 이 기관이나 저 기관이나 비용도 똑같아서 가격 비교도 할 필요 없다.

이렇다 보니 처음 이용할 때, 등급 신청을 도와주어서 이용하게 된 기관과의 인연이 중요하다. 특히 신생 기관이라면 대상자를 발굴해 그 어르신의 첫 기관이 될 수 있도록 노력해야 한다. 노인장기요양사업에서 가장 잘해야 할 일은 요양등급을 잘 받도록 도와주는 일이다. 이 사업은 대상자가 있어야 비로소 사업이 시작되기 때문이다.

확장,
또 확장

방문요양으로 성장하다

　요양등급까지 받은 어르신과 그 보호자들이 복지용구만 이용하는 경우는 드물었다. 몰랐으면 몰라도 이제는 나라에서 이렇게 좋은 제도를 시행하는 사실을 알았으니 좀 더 다양하고 유용한 급여를 이용하고자 했는데, 특히 방문요양에 관한 문의가 많았다. 일상생활이 힘겨운 어르신 본인이나 어르신 돌봄 문제로 고민 중인 보호자들에게 방문요양 급여는 그야말로 하늘에서 내린 동아줄과 다름없었다.

　생각해보면 복지용구 사업소를 연 지 약 4개월 만에 방문요양센터를 시작한 건 당연한 수순이었다. 복지용구로 발굴해 놓은 이용자들을 놓칠 수는 없었기 때문이다. 따로 매장을 구하지 않고 복지용구 사업소에서 같이 할 수 있고, 지금은 허가제이나 당시는 인프라 확장기로 신고제였기 때문에 주저 없이 했다.

두 사업은 서로 시너지 효과를 일으키며 함께 성장했다. 복지용구를 이용하던 어르신은 방문요양 안내를 받아 이용하고, 방문요양을 받으시는 어르신은 요양보호사를 통해 필요한 복지용구를 안내받아 이용할 수 있으니 모두 만족도가 높았다.

더 직접적인 돌봄의 실현

복지용구와 비교했을 때, 방문요양은 '병원 입원을 줄이고, 어르신이 주거지에서 돌봄을 받을 수 있게 한다'라는 제도의 취지를 더 잘 구현하는 사업이었다. 직접적인 현장 요양은 요양보호사의 일이고, 기관은 어르신과 요양보호사를 연결하는 역할을 한다.

운영 및 관리는 그때나 지금이나 어려울 것이 없다. 예전에는 수기로 급여제공기록지를 썼지만, 지금은 태그와 스마트폰 앱을 이용해 실시간으로 공단에 전송하는 시스템이 있다.[*] 또 센터의 상담복지사가 월 1회 어르신을 직접 방문해서 요양 상황 파악과 욕구 조사를 진행한다. 이때 만약 어르신이 불편을 느끼

---

[*] 정확한 명칭은 '재가급여 전자관리 시스템(RFID)'이다.

는 부분이 있다면 확인 즉시 해결하므로 전혀 예상하지 못한 문제가 느닷없이 발생하는 일도 잘 없다.

이런 이유로 장기요양사업을 처음 시작하는 분들이 가장 많이 선택하는 기관이 바로 방문요양센터다. 실제로 그만큼 많이 생겨서 경쟁 심화를 걱정하는 목소리도 있지만, 비율로 따지면 대상자, 즉 노인이 더 많이 생겨나고 있으므로 수요 대비 기관 수가 많다고 할 수도 없다. 개인적으로는 기관 수가 많아질수록 시장의 규모 확대와 활성화에 도움이 되므로 장기적으로는 유리하다고 본다.

어르신 유치원을 열다

복지용구 사업소와 방문요양센터는 3~4년 만에 꽤 크게 성장했다. 하지만 호사다마라더니 매장 임대 문제로 골치 아픈 일이 생겼고, 나는 사업을 재정비할 때가 왔음을 직감했다. 당시는 복지용구보다 방문요양이 더 크게 확장되는 시기였고, 앞으로는 주간보호센터가 유망하다는 이야기가 들려왔다. 그때까지만 해도 주간보호센터는 주로 사회복지법인 등에서 운영하고 개인사업자가 하는 경우는 많지 않았으나 상황이 바뀔 거라는 전망이었다. 이에 나는 시류를 따라 복지용구 사업을 축소하는 대신, 방문요양을 강화하고 주간보호센터를 열기로 했다.

2013년 말에 문을 연 주간보호센터는 매일 낮 동안(08:00~ 18:00) 어르신을 보호하는 기관이다. 어린아이들이 다니는 유치원과 거의 비슷하게 운영되어 '어르신 유치원'으로 불리기도 한다. 기관에 계시는 동안은 어르신 7명 당 요양보호사 1명이 세심한 돌봄을 제공한다.

가족 모두의 행복을 위한 기관

주간보호센터를 운영해보니 같은 장기요양사업이라도 복지용구나 방문요양과는 또 다른 중요한 의미가 있었다. 바로 노인 돌봄 문제로 발생하는 가족 간 긴장과 갈등을 해소한다는 것이다.

보통 방문요양은 혼자이거나 가족이 모두 노인인 어르신이 많고, 주간보호센터는 자녀와 함께 거주하는 어르신이 주로 이용한다. 아무리 가족이라도 장기간 어르신을 돌보다 보면 지치기 마련이다. 가족들은 그런 자신에게 죄책감을 느끼며, 어르신은 당신이 가족들에게 짐이 된 것 같아 속상하다. 이런 문제를 해결하는 데 가장 효과적인 장기요양기관이 바로 주간보호센터다.

주간보호센터는 만족도가 특히 높다. 우선 어르신은 가족들이 전부 나간 텅 빈 집에서 우두커니 있지 않아도 되어 좋다. 나오시면 서로 대화도 하고, 잘 짜인 식단으로 식사하며, 인지·재활 프로그램에 참여하면서 심신 기능을 모두 유지, 향상할 수 있다. 또 보호자는 집에 혼자 계시는 어르신을 걱정하지 않아도 되니 좋다. 예전에는 어르신 걱정에 나가 있어도 불편했는데 이제는 자유롭게 시간을 쓰면서 필요한 일을 할 수 있으니 마음이 훨씬 편하다.

노인장기요양보험 제도의 주간보호 서비스는 '가족 기능 강화를 돕는 사회지원 서비스'다. 내가 장기요양사업만큼 좋은 사업은 없다고 자신 있게 말하는 이유 중 하나도 바로 이런 거다. 단순히 노인 돌봄의 문제뿐 아니라, 각 가정과 사회 전체의 부담을 줄이는 데 기여하기 때문이다.

장기요양
토털케어를 향하여

내가 멈출 수 없는 이유

2009년 1월에 복지용구 사업소로 시작한 나의 장기요양사업은 현재 복지용구 사업소, 복지용구 소독업체, 방문요양, 방문목욕, 주간보호센터 2개소, 요양보호사 교육원 개설로 확장되었다. 이렇게 사업을 하나씩 키울 때마다 가끔 듣는 말이 있었다.

"나라 사업이라 수익률도 크지 않을 텐데 힘들게 왜 자꾸 사업을 벌입니까? 그 수완으로 다른 사업을 하면 훨씬 낫지 않습니까?"

글쎄, 이유가 뭘까? 나는 왜 이렇게 장기요양사업에 몰두하는 걸까?

우선 이 사업에 내가 추구하는 가치가 있기 때문이다. 처음부터 경제적 가치와 함께 사회적 가치를 실현할 수 있는 사업이라여겨 시작했고, 실제로 해오면서 커다란 행복감과 성취감을 느끼고 있다. 연계 사업을 개설하면 업종 간 상호 시너지가 창출되고, 쌍방 보완 영업이 이루어지므로 신규 대상자 연결에 유리한 점이 있다. 더 넓은 영역에서 더 많은 가치를 실현할 수 있는데 꾸준히 확장하지 않을 이유가 없었다.

물론 작은 규모로 한 가지 분야만 한다고 해서 사회적 가치실현이 안 되는 것은 아니다. 중소 규모로 방문요양센터를 운영하시면서 안정적인 수익과 함께 보람과 긍지를 얻는 분들도 많이 계신다. 이 부분은 개인적인 성향, 조건과 환경의 차이라고생각한다.

다음으로 장기요양사업은 타 사업 분야와 달리 규모가 커진다고 관리가 크게 힘들어지는 편이 아니기 때문이다. 나라에서규정해 놓은 운영 방침이 있고, 사회복지사와 요양보호사가 현장 요양을 담당한다. 사업체가 늘어난다고 내가 더 분주해질 일은 없다. 공단에서 제시하는 고시 및 기관운영규정을 따르기만하면 되므로 설령 내가 잠시 부재중이어도 사업이 저절로 굴러가고 매출에는 큰 영향이 없다. 다시 말해 운영관리가 워낙 정직한 사업이라 사업에 대한 확신과 자신감, 열정만 있다면 얼마든지 확장할 수 있다.

조보필의 장기요양 토털케어

내가 즐겁고 보람되어 사업을 하나씩 늘렸는데, 하다 보니 어느새 재가복지시설에서 제공하는 거의 모든 서비스를 아우르게 되었다. 앞으로는 여기에 방문간호까지 더해서 의료적 부분을 보충할 계획이다. 사실 어르신들이 노인장기요양보험 제도에서 진짜 바라는 부분이 바로 의료다. 어르신들은 전문 의료인에 대한 신뢰가 높아서 같은 말이라도 의료인이 하면 더 잘 기억하고 따르는 경향이 있다. 똑같이 쾌차를 빌며 손잡아드려도 사회복지사나 요양보호사보다 간호복을 입은 간호사가 잡아드리면 벌써 다 나은 듯이 하신다. 방문간호는 이러한 욕구를 해결해 주리라 생각한다.

현재 운영 중인 사업들에 방문간호까지 더하면 이른바 '조보필의 장기요양 토털케어'가 완성된다. '조보필의 장기요양 토털케어'는 요양등급 신청부터 각종 급여 이용까지, 한번 우리 기관과 인연이 닿으면 어르신에게 원스톱 서비스를 제공하는 것을 목표로 한다.

물론 단순히 서비스의 종류가 많다고 해서 토털케어라 할 수는 없다. 전문적인 상담과 세심한 분석을 통해 필요하거나 불편한 부분을 당사자인 어르신보다 우리가 먼저 알아차려 솔루션을 제공해야 한다. 나를 비롯해 사회복지사, 요양보호사 등 많은 인력이 모두 그 취지와 가치를 이해하고 함께 노력해야 하는 부분이다.

보필 고객 행복 서비스 헌장

· 우리는 어르신을 최고의 정성으로 섬기겠습니다.
· 우리는 내부 효율성보다 어르신과 가족의 편의를 우선하겠습니다.
· 우리는 매 순간 활짝 웃는 얼굴로 어르신을 대하겠습니다.
· 우리는 어르신의 불만을 하늘이 내린 선물로 여기겠습니다.

장기요양 현장의 목소리를 듣다
- 동래데이케어 센터장 이영애

대표로서 내가 전체적인 구도를 잡고 큰 스케치를 하는 사람이라면, 센터장은 나의 스케치에 색을 더하고 디테일을 잘 살려 표현하는 사람이다. 이영애 센터장은 조보필의 장기요양 토털케어에서 큰 축을 담당하는 동래데이케어에서 센터장으로서 실무를 총괄하고 있다. 늘 바쁘게 움직이는 센터장의 시간을 잠시 빌려 실무자의 시각에서 보는 장기요양사업에 관해 이야기를 나누었다.

조보필(이하 조): 처음 주간보호를 시작할 때부터 같이 일했으니 벌써 10년 가까이 되어갑니다. 10년이면 강산도 변한다지만, 장기요양사업은 나라 사업이어서 커다란 전환이나 개혁의 계기는 없는 편이었습니다. 그래도 실무자가 느끼는 소소한 변화들은 있을 것 같은데요, 어떻습니까?

이영애(이하 이): 말씀처럼 워낙 제도화된 사업이라 큰 변화는 없었습니다. 다른 사업 같으면 10년 동안 시장 동향이나 소비자 취향이 몇 차례 바뀌었겠지만, 우리는 수요가 꾸준히 생겨나기 때문에 체감하는 시장포화나 경쟁이슈도 없고 어르신과 보호자의 욕구도 그때나 지금이나 대동소이합니다.

다만 '요양보호'에 대한 인식만큼은 많이 개선된 것 같습니다. 제도 초기에는 요양보호사가 집에 와서 어르신 대신 집안 살림을 해주는 사람으로 오해하는 분들이 많았어요. 요양보호사님도 자신의 전문성에 대한 확신이 없어서인지 그냥 해달라는 대로 다 해주고 오셨죠. 2010년도 하반기부터는 요양보호사 자격증이 시험제로 전환되면서 하는 일의 범위가 좀 더 명확해지고, 요양보호사들도 스스로 업무의 경계를 확고하게 지키려는 자정의 목소리가 생겼습니다. 이런 변화를 못마땅하게 생각하는 어르신도 많았어요. 하지만 지금은 요양보호 분야가 성숙해지고, 수준과 인식이 많이 향상되었습니다.
주간보호도 마찬가지로 인식이 많이 개선되었죠. 초기에 어르신들은 이러다가 어디로 아예 보내버릴까 싶어 거부하시고, 보호자들은 센터가 미덥지 않거나 왠지 도리를 저버린다는 생각에 선택을 주저하셨죠. 하지만 지금은 장기적으로 봤을 때, 어르신이나 보호자나 모두 만족할 수 있는 돌봄 방식이라는 점에 모두 공감하는 편입니다.

조: 그렇군요. 말씀대로 시장에 드라마틱한 변화나 리스크가 없고 수요가 꾸준히 증가하는 것이 우리 사업의 특징이자 장점 중 하나죠. 이런 안정성과 수요 보장성을 보고 신생 기관도 꾸준히 늘어나고 있어요. 그만큼 대상자들이 기관을 선택할 수 있는 폭이 커졌는데요. 요즘 어르신과 보호자들은 어떤 기준으로 기관을 선택합니까?

이: 기존에 이용 중인 어르신과 보호자들의 소개로 선택하는 경우가 가장 많습니다. 입소문과 소개만큼 효과적인 건 없어요. 어르신 돌봄 문제라는 것이 자신에게 일어나기 전에는 실감하기 어렵습니다. 그러다 자기 일이 되면 예전에 누가 요양등급을 받아서 나라 지원을 받는다는 이야기를 언뜻 들은 기억이 나고 연락해서 알아보는 식이죠. 보통 그렇게 연결되어 오는 분이 많습니다.

평가점수도 중요합니다. 현재 장기요양기관은 3년에 한 번씩 평가를 받는데, 등급을 받은 어르신들에게 배부되는 서류에 지역 내 기관 정보와 함께 이 평가등급이 공개되어 있어요. 아무래도 평가등급이 높으면 시설이나 서비스가 좋다는 뜻이니까 먼저 연락해보게 되죠. 그런 식으로 문의도 꽤 옵니다.
우리 센터의 경우, 눈에 잘 보이고 접근성이 좋은 위치도 한몫을 하는 것 같습니다. 대부분 주간보호센터는 건물 위층에 있는데 우리는 1층에 있어서 어르신이 오가는 모습이 잘 보이고, 활동하는 소리도 밖으로 들리거든요. 지나가다가 뭐하는 곳인가 궁금해서 물어보는 분들도 꽤 있습니다.

조: 동래데이케어는 주간보호와 방문요양을 함께 하고 있습니다. 실무를 총괄하는 분으로서 이 두 가지에 어떤 차이가 있다고 보시나요?

이: 간단히 말해서 7:1 돌봄인가, 1:1 돌봄인가의 문제죠.

주간보호는 어르신을 모시고 오면 요양보호사 한 분이 어르신 일곱 분을 돌봅니다. 그에 반해 방문요양은 요양보호사가 댁에 방문해서 어르신 개인이 필요한 돌봄을 제공합니다. 아이를 학원에 보내는지, 개인과외를 시키는지의 차이라고 생각하면 이해가 빠르실 것 같습니다.

주간보호는 정성을 다하되 개인이 아니라 전체의 만족도를 높이는 쪽으로 운영됩니다. 어르신이 센터의 단체 생활에 적응해야 하고, 애초에 그럴 의향이 있는 분들이 오시죠. 보통 1~2주 정도 적응 기간을 거치면 어르신도 잘 따라와 주시는 편입니다.

방문요양은 요양보호사가 어르신 한 분에게 전적으로 맞춰야 하므로 초기에 상호신뢰 형성이 아주 중요합니다. 보통 본인보다 보호자가 상담하고 결정하기 때문에 어르신 입장에서는 어느 날 갑자기 낯선 사람이 생활공간에 불쑥 들어왔다는 느낌이 들 수 있어요. 그렇다 보니 처음에 요양보호사님이 노력을 많이 하셔야 하고, 센터도 두 분 사이의 신뢰 관계 형성을 위해 신경을 써야 합니다. 처음에 이 관계가 잘 잡혀야 이후에 순탄하게 진행됩니다.

조: 현재 센터장님은 조보필의 장기요양 토털케어에서 큰 축을 담당하는 동래

데이케어의 업무를 총괄하고 계십니다. 다른 곳과 차별화된 우리 센터만의 강점은 뭐라고 생각하십니까?

이: 사실 요즘은 장기요양의 수준이 전체적으로 상향 평준화되서 돌봄을 잘하는 곳은 우리 말고도 꽤 있습니다. 장기요양의 궁극적인 목표는 어르신들이 신체적, 인지적 기능을 유지하면서 어떻게든 집에서 생활하시도록 관리하는 건데요. 이건 기본 중의 기본이고, 그 이상을 해야 차별화될 수 있죠.

우리 센터만의 차별화된 강점이라면 어르신이 진짜 필요하고 바라는 것을 즉각적으로, 아낌없이 지원하는 것입니다. 병원에 가신다고 하면 차량을 지원하고, 주기적으로 미용 서비스를 제공하며, 명절이나 기념일도 빠짐없이 챙깁니다. 지역 사회에서 받을 수 있는 혜택도 전부 찾아서 챙겨드립니다. 대표님이 운영하시는 기관들끼리 단톡방을 통해 정보를 실시간으로 공유합니다. 예를 들어 어느 센터의, 어느 어르신이, 어떤 종류의 복지용구가 필요하다는 내용을 올리면 복지용구 사업소 쪽에서 바로 해결하는 식입니다. 진정한 장기요양 토털케어가 이루어지는 거죠.

조: 과한 요구사항이나 클레임이 들어온다든가 이탈자가 생기는 경우는 어떻습니까? 베테랑 장기요양요원의 대처법이 궁금합니다.

이: 주간보호는 문제가 발생하는 경우가 드뭅니다. 가끔 보호자가 우리 어머니

는 이런 거를 좋아하신다, 저런 거를 해달라 등등 말씀하시는데 실제로 그걸 하고 안 하고는 어르신 마음입니다. 보통 주간보호를 이해하기 쉽게 어르신 유치원이라고 하는데요. 그렇다고 어르신들이 아이는 아니잖아요. 모두 의사도 주관도 분명하죠. 보호자가 요구했다고 억지로 할 필요는 없고, 어르신과 우리가 같이 맞춰 나가면 됩니다. 전부 노인 돌봄이라면 잔뼈가 굵은 사람들인데 어르신을 한 번 뵈면 금방 파악이 되거든요. 성향에 맞춰서 하는 거죠. 다행히 주간보호 어르신들은 대부분 저희가 유도하는 대로 잘 따라서 해주십니다. 보호자님들도 어르신이 잘 다니시는 모습을 보면 특별히 다른 요구가 없어요. 그저 낮 동안 안전하고 편안하게 돌봐드리기만 하면 모두 만족합니다.

방문요양은 조금 달라요. 말씀드렸다시피 1:1 돌봄이라 요양보호사와 어르신의 관계가 중요합니다. 저희는 '시어머니와 며느리'의 관계라고 이야기해요. 요양보호사가 아홉 번 잘하고 한 번 잘못해도 어르신은 잘못한 한 번만 보시거든요. 몇 년 동안 실수 없이 돌봐드렸어도 뭐 한 가지가 어르신 마음에 안 들면 전부 요양보호사 잘못이 되어 버려요. 그럴 때는 센터에서 달려가야죠. 무조건 어르신의 말씀을 경청하고 수용하면서 상황을 이해시키는 방법밖에는 없습니다. 그래도 완강하시면 요양보호사 교체를 제안하고, 우리 센터도 싫다 하시면 원하시는 대로 해드릴 수밖에 없거든요. 정중하게 "어르신 항상 건강하시고, 언제든 필요하면 불러주세요"라고 인사드립니다. 그렇게 가셔놓고 얼마 지나면 다시 오시는 분도 많아요.

한 가지 덧붙이자면, 요즘에는 가족이나 지인이 센터를 열어서 그쪽으로 가시는 경우도 많습니다. 이런 경우는 우리가 뭐 어찌해볼 수 없는 부분이죠. 오히려 어르신이 미안해하시면서 말씀을 꺼내시면 그러지 마시라고 해요. "신생 기관은 아무래도 힘이 드니까 도울 수 있다면 도와야죠" 하고 마음 불편하실 필요 없다고 말씀드리곤 합니다.

조: 말씀하신 대로 신생 기관은 자리 잡기까지 아무래도 시간이 걸립니다. 새로 시작하시는 분들은 어떻게 하면 이 시간을 단축할 수 있는가가 가장 고민일 텐데요. 장기요양기관의 홍보 방식이라면 어떤 것이 있을까요?

이: 대표님도 아시겠지만, 초창기에 저희는 홍보물을 제작해서 직접 들고 나가 발로 뛰었습니다. 공단 앞에 가서 등급 인정자 보호자 교육을 받고 나오시는 분들에게 센터를 알리고, 지역 내 어르신들을 공략해야 하니 사람이 많이 오가는 큰 마트 앞에도 나갔습니다. 가구마다 홍보물을 꽂아놓고, 벽에도 붙였어요. 홍보할 때는 외모에서 느껴지는 첫인상이 중요하니까 뭐 하러 나온 사람들일까 궁금해할 정도로 정장을 깔끔하게 차려입었던 기억이 납니다. 말투와 행동도 최대한 정중하게 했죠. 그런데 이런 방식은 이제 구식입니다. 지금은 해봤자 효과가 기대에 미치지 못할 겁니다. 어르신이 많은 경로당 등을 직접 찾아가는 분도 계시는데……, 이게 어르신 본인 일이기는 해도 센터 선택은 보호자가 하거든요. 보호자 쪽으로 센터 정보를 제공하는 편이 더 효과적입니다.

그래서 지금은 SNS, 홈페이지, 블로그 같은 경로를 정말 많이 활용해야 합니다. 예전에는 보호자들이 궁금한 게 있으면 전화기부터 들었지만, 지금은 인터넷에서 먼저 정보를 충분히 습득하고 알아볼 만큼 알아본 후에 전화를 주시거든요. 특히 주간보호의 경우는 유튜브 채널도 운영하면 좋아요. 어떤 곳에서 어떻게 지내실 수 있는지 바로 확인할 수 있으니까요. 아무래도 이런 정보를 제공하는 센터가 더 믿음이 가겠죠.

솔직히 저희는 현재 적극적인 마케팅이 꼭 필요하지는 않아서 이쪽이 조금 미흡합니다만, 새로 문을 연 기관이라면 반드시 해야 할 일입니다. 온라인을 통한 홍보는 한번 해놓으면 효과가 끊임없이 재생산된다는 점에서 상당히 효율적이죠. 저희도 앞으로는 홍보 전담직원을 두고 제대로 하려고 계획 중입니다.

또 대표님처럼 기관장이 지역 사회에서 봉사나 활동을 많이 하시면 아무래도 유리합니다. 그 자체가 센터를 알리는 홍보죠. 알음알음 소개도 받고, 사각지대에 계신 어르신들을 발굴할 수 있습니다.

조: 장기요양사업이 안정적인 사업으로 알려지면서 주목도가 높아지고 있습니다. 센터장님이 보시기에 이 사업은 어떤 분들에게 적합할까요?

이: 기본적으로 어르신을 좋아하고 성품이 따뜻한 분이어야 합니다. 노화의 과정에 대한 이해도가 높고, 좀 더 넓게 사고하면서 포용할 줄 알아야 해요. 자신과 어르신을 똑같이 보면 안 됩니다. 나는 젊고 건강하지만, 내가 대하

는 어르신은 심신이 노쇠하고 쉽게 지치는 분들이니까요. 늘 이 점을 기억하고 어르신을 대하는 모든 언행의 베이스로 삼아야 합니다.

또 문제 해결 능력이 필요한데, 그러려면 노인복지, 장기요양과 관련해 중심이 잘 잡혀 있어야 합니다. 이 사업은 공단, 어르신, 보호자, 요양보호사, 사회복지사 등 다양한 관련인이 있습니다. 각자 입장이 있고, 생각도 다르죠. 중심이 제대로 잡혀 있는 사람은 어떤 문제가 생겨도 흔들리지 않고 빠른 판단력과 대처 능력을 발휘할 수 있습니다.

조: 마지막으로 장기요양사업에 관심 있는 분들에게 꼭 드리고 싶은 말씀이 있다면 한 마디 부탁드립니다.

이: 이 사업을 하신다면 '복지 마인드'가 기본임을 잊지 마시기 바랍니다. 그래도 사업이니까 수익을 생각하지 않을 수는 없겠지만, 돈을 벌겠다는 마음이 아니라 나라를 대신해 복지를 전하겠다는 마음이 우선이 되어야 합니다. '봉사하면서 안정적으로, 정년 없이 내 월급을 가져가겠다'라는 마음으로 해야 가장 좋습니다. 이렇게 말하니 별거 아닌 것 같지만, 사실 이보다 더 좋은 큰 장점이 또 있을까요?

지금 눈앞의 결과에 일희일비하지 말고, 끈기를 발휘하면서 버티고 또 버티면서 해야 하는 사업입니다. 멀리 보는 안목으로, 긴 호흡으로 하시다 보면 보람, 의미, 가치, 수익까지 모두 챙겨가실 수 있습니다.

제4장

장기요양
사업을
권하다

객관적인 자료와 통계에서 보듯 장기요양사업은 분명히 '초고령화 시대에 가장 전망 있는 사업'이다. 특히 장기요양사업은 경제적 가치와 사회적 가치를 함께 실현할 수 있다는 점에서 다른 여타의 사업과 구별되는 차이점이 있다. 여기에서는 장기요양사업만의 특징과 장점, 더불어 내가 이 사업을 추천하는 근거를 소개한다. 사업 아이템으로서 장기요양사업을 더 깊고 정확하게 이해할 수 있으리라 생각한다.

나랏일을 전달한다

돈벌이 사업과 전달자 사업

사업의 종류를 나누는 기준은 다양하겠지만, 장기요양사업을 하는 사람으로서 나는 사업을 크게 '돈벌이 사업'과 '전달자 사업'으로 나눈다. 돈벌이 사업은 영리를 목적으로 하는 일반 사업이고, 전달자 사업은 나랏일의 심부름꾼이 되어 나랏돈을 받아서 각종 자원과 서비스를 사회에 전달하는 사업을 가리킨다.

전달자 사업의 특징
· 안녕과 질서를 전달하는 관공서: 시·군청, 주민센터, 교육청, 법원, 경찰서, 소방서 등
· 공공 서비스를 전달하는 공기업: 전력공사, 철도공사, 수도공사, 가스공사 등
· 사회복지서비스를 전달하는 민간 집행기관: 의료기관, 사회복지기관, 장기요양기관 등

돈벌이 사업과 전달자 사업의 가장 큰 차이는 당연히 그 목적이다. 돈벌이 사업은 사익私益이 목적이어서 사업자의 주관적이고 자율적인 기획과 투자로 이익을 창출하지만, 전달자 사업은 공익公益이 목적이므로 이익 창출 범위와 자율성이 제한된다.

거래 방식도 확연히 다르다. 돈벌이 사업은 사업자가 가격을 제시하면 고객이 그 가치를 비교, 평가하고 흥정을 거쳐 거래가 이루어진다. 반면에 전달자 사업은 사업자와 고객 사이에 가격 비교나 흥정이 없으며 양측 모두 나라(관련 공공기관)가 법령으로 정해놓은 기준과 규정을 그대로 따라 거래가 이루어진다.

전달자 사업의 특징

· 정부(중앙 및 지방), 공공기관이 운영, 관리한다.
· 주로 세금에 의해 유지된다.
· 안정적이다.
· 외적 요인에 둔감하다.
· 체계가 다소 경직된 편이다.

사회복지서비스를 전달하라!

사회복지서비스는 필요한 대상에게 신속하고 정확하게 전달되어야 하는 특성이 있다. 이에 정부(중앙 및 지방)나 공공기관이 기획, 지휘, 지원, 관리를 맡고, 민간부문이 대상자들과의 직접적인 대면을 통해 서비스를 전달한다. 이것이 전달자 사업이 존재하는 이유다.

장기요양기관은 사회복지서비스, 그중에서도 노인장기요양이라는 공공 서비스의 전달(집행)을 담당한다. 노인장기요양보험 제도의 내용은 물론이거니와 실질적 대상자 자격요건 구분, 사회복지서비스 신청, 급여 방식과 조직 선택 등 전체적인 전달 과정에서 대상자와 밀접하게 접촉한다.

간단히 말해서 장기요양기관은 노인장기요양 서비스 전달의 최일선에서 제도의 목적을 가장 효과적이고 효율적으로 실현하는 전달자의 역할을 담당한다.

내 사업이지만,
관리 주체는 따로 있다

나랏일의 심부름꾼

모든 장기요양기관은 국민건강보험공단으로부터 '노인장기요
양보험 지정 장기요양기관'이라는 인정서를 받고 인정 표찰을
게시해야 한다. 병·의원과 약국 앞에 '국민건강보험 지정기관'
이라는 표지물이 붙어있는 것과 마찬가지다.

장기요양기관 지정[*]
1. 관할 시·군·구 노인복지과에 장기요양기관 지정 신청^{**}

---

* 절차 2019년 12월 12일, 기존 신고 등록제에서 지정 허가제로 변경되었다.

** 필요 요건과 서류는 기관의 종류와 지자체마다 다를 수 있으니 반드시 해당 시·군·
구 노인복지과에 문의해야 한다.

2. 지정 요건 심사(서류 심사, 현장 실사) 후, '노인복지시설 설치신고확인증' 수령
3. 세무서에서 사업자 등록
4. 국민건강보험공단에서 '노인장기요양보험 지정 장기요양기관' 인정서 신청 및 수령

　장기요양기관은 의료기관과 마찬가지로 국민을 대상으로 공적 서비스를 전달하므로 시설이나 인력배치와 관련한 규정을 한 치의 오차도 없이 철저히 지켜야 한다. 사업계획서 등 제출 서류도 요양사업의 목적에 맞춰 완벽하게 준비해야 한다. 아마 실제로 해보면 지정 신청을 준비하는 과정에서 이미 이것이 나라 사업임을 실감할 수 있을 것이다.

　모든 절차를 거친 후, 마침내 본격적으로 사업을 시작하면 이제부터는 정말 '나랏일의 심부름꾼'이 된다. 알다시피 심부름꾼은 남이 시킨 대로 일하는 사람이므로 무엇을 어떻게 하라는 건지 잘 듣고 그대로 해야 한다. 시키는 대로 하지 않고, 자기 마음대로 하거나, 하더라도 어설프게 하면 약속했던 삯을 받을 수 없다. 이런 이유로 장기요양사업은 자기 사업을 한다기보다 나라에서 지시한 업무를 처리한다고 보는 편이 더 적합하다. 목표는 더도 덜도 말고 시킨 대로만 하는 것이다.

사업적 자율성이 없다

장기요양사업은 내가 하고픈 대로, 내 뜻을 자유롭게 펼치면서 하는 사업이 아니다. 국민건강보험공단이 기획, 지휘, 지원, 관리하는 사업이고, 기관은 공단에서 마련해 놓은 업무 규정에 따라 '상담-계약-요양-청구-수금(입금)'의 프로세스를 철저히 이행하는 데 초점을 맞춰야 한다.

공단에서 시킨 일을 한 후, 장기요양정보시스템(장기요양관련 전산업무 시스템)에 들어가서 마련된 서식에 따라 필요한 내용을 입력해서 보고하고, 승인을 기다리는 형식이다.

이 전체 프로세스 중에서 단 하나라도 깜박 잊거나 소홀하면 수금이 막히는 상황, 즉 심부름 삯을 못 받는 일이 발생한다. 어떤 사업자도 이 프로세스를 이행하면서 자율성을 발휘하거나 어느 정도 융통성이나 배려가 있으리라 기대해서는 안 된다.

국민건강보험공단은 장기요양기관이 시킨 대로 일을 잘하고 있는지 살펴보는 모니터링을 주기적으로 진행한다. 또 3년마다 정기적 기관평가를 실시하고 평가결과 최우수기관이 되면 포상금 등의 인센티브를 제공하고 저평가 하위기관은 수시평가 및 평가사후관리 등 수준향상을 위하여 지속적으로 지원 관리를 한다.

재량이나 개성을 발휘할 수 없다

업무 프로세스뿐 아니라 모든 업무 내용, 담당자의 직무와 역할까지도 규정에 엄격하게 묶여 있다. 어떤 직원이, 어떤 자격증을 가지고, 어떤 일을 처리해야 하는지, 처리한 일의 결과는 어떻게 정리해서 보고해야 하는지 모두 정해져 있고, 그대로 따라야 한다. 사업자나 직원이 자기 방식으로 업무를 처리할 수 없으며 재량이나 개성은 용인되지 않는다. 설령 해당 기관에 더 효율적이거나 효과적이라고 해도 마찬가지다.

이런 이유로 장기요양기관은 전국 어디나 비슷하다. 무사안일주의에 빠졌거나 서비스 정신이 부족해서가 아니다. 엄격한 규정 탓에 뭘 해보려고 해도 기관만의 상징성, 특색을 드러낼 수 있는 일을 할 수 없기 때문이다. 지금 당장 저 기관의 직원을 데려와서 이 기관의 일을 시켜도 문제없이 처리할 수 있을 정도로 일률적이고 획일화되어 있다.

안정적이고
어렵지 않다

민과 관의 협력

전 세계 어디든 복지국가는 전 국민의 복지실현을 궁극적 목표로 지향한다. 만약 복지를 순수 민간부문에 일임한다면 시장원리가 작용할 것이고, 그러면 복지의 기본 원리인 평등성과 책임성이 훼손될 수 있다. 이 때문에 복지 수준이 높은 나라일수록 민과 관이 긴밀히 협력하며, 관의 관리가 더 철저하고 엄밀하다.

국민건강보험공단의 엄격한 관리를 기관을 통제 혹은 규제하는 방식이라고만 보지 말자. 이러한 운영 구조가 사업자에게 이로운 부분도 분명히 있는데 바로 안정적이라는 점, 그리고 운영 관리가 쉽다는 점이다. 사실 이 두 가지야말로 사업하는 사람들이 가장 바라고 원하는 바다.

이보다 더 안정적일 수 없다

자영업을 비롯한 돈벌이 사업들은 사장이 생각해서 하고 싶은 대로 기획하고, 자기 방식으로 경영한다. 자율성을 발휘하며 자기 스타일로 사업하는 재미는 있겠지만, 아무래도 안정성이 떨어진다. 갑자기 시장 상황이 변할 수도 있고, 믿었던 직원이 알고 보니 엉뚱한 짓을 하고 있을 수도 있다. 그래서 사업가들은 잘될 때나 안될 때나 늘 긴장 상태이며 왠지 모를 불안감으로 스트레스를 받는다. 언제 무슨 일이 터질지 모르니 긴장과 불안이 완전히 사라지는 날이 없다.

전달자 사업인 장기요양사업은 다르다. 이 사업은 자율성이나 융통성이 부족한 대신, '제도화된 업무구조 안에서 오는 안정성'을 누리며 할 수 있다. 규정을 따라서 시키는 대로만 하면 돌발 상황이 없고, 해결하기 까다로운 문제에 부딪히는 일이 극히 드물다.

기관장뿐 아니라 모든 직원이 공단의 업무 규정에서 벗어날수 없으며, 항상 주시하는 눈길이 있기에 애초에 실수나 오류가발생할 여지가 극히 적다. 컴퓨터를 켜고 장기요양정보 시스템만 열어보면 앉은 자리에서 일이 어떻게 진행되고 있는지 한눈에 보이는 사업이다.

사업 안정성은 전체 조직의 기능과 활동에도 긍정적인 영향을 미친다. 장기요양기관의 직원들은 자신의 업무, 수행 방식과 과정, 임금 등이 모두 규정되어 엄격히 관리되고 있음을 잘 알고 있다. 덕분에 소속된 기관이 하루아침에 문을 닫거나, 받을 임금을 못 받는 일 따위를 걱정하지 않는다. 오직 각자 맡은 일을 오차 없이 수행하는 데 집중하므로 조직 전체가 안정적이고, 예측 가능하며, 매우 효율적으로 움직인다.

운영관리가 어렵지 않다

동네에 작은 편의점 하나만 열어도 운영관리가 만만치 않다. 점주는 상품 주문과 입고, 재고 관리, 직원 배치 등에 관련한 나름의 규정을 만들어서 직원들이 준수하게 지도해야 한다. 말이 쉽지 업무 규정을 만들고 자리 잡게 하는 데는 생각보다 많은 시간과 에너지가 소모된다.

반면에 장기요양기관은 국민건강보험공단이 미리 완벽하게 잘 짜인 업무 규정을 만들어서 제공하므로 그런 수고가 필요 없다. 다른 사업체처럼 운영관리의 체계를 잡는 일종의 '예열 시간'이 없어서 기관 문을 열면서 바로 정해진 규정에 따라 업무를 진행할 수 있다.

국민건강보험공단이 바라는 것은 단 하나, 장기요양기관이 자기들 대신 나랏일을 잘 전달해주는 것이다. 나랏일이라니 복잡하고 까다로울까 봐 지레 겁먹을 필요는 없다. 원래 심부름을 시키는 사람이 제대로 알려줘야 심부름꾼이 일을 제대로 하는 법이지 않은가! 공단은 기관이 제도와 규정, 업무를 정확히 이해하고 집행할 수 있도록 안내와 지원을 아끼지 않는다.

내가 이 사업을 계속 확장할 수 있었던 이유 중 하나 역시 사업장을 늘려도 운영관리가 어렵지 않았기 때문이다. 뭐 하나 늘어날 때마다 골치 아픈 일이 두세 배씩 늘어났다면 절대 못 했을 일이다.

예전에는 모르는 것이 있으면 공단으로 달려가 문의했는데, 요즘은 국민보험공단, 노인장기요양보험 홈페이지에서 제공하는 자료만으로도 기본적인 제도와 규정, 업무는 충분히 이해가 가능하다. 아마 직접 자료를 보면 얼마나 상세하고 알기 쉽게 설명해 놓았는지 확인할 수 있을 것이다.

더 필요한 부분이 있다면 공단에서 제공하는 '청구 상담 서비스'를 이용할 수 있다. 공단은 장기요양기관 운영자나 종사원(대부분 사회복지사다) 중에 5년 이상 청구 실무 능력이 있는 자를 '청구 상담 봉사자'로 위촉해서 기관 운영 및 전반적 업무에 관한 실무 상담을 무료로 제공하고 있다. 이 서비스를 이용하면 다양한 조언을 얻고 실무에 대한 이해도를 높일 수 있다.

노인장기요양보험 홈페이지(longtermcare.or.kr) 필독 자료
· 노인보건복지사업안내: 노인장기요양보험 사업 안내
· 장기요양기관 업무 안내: 전반적인 장기요양 업무 안내
· 급여 이용 안내 e-book: 노인장기요양보험 제도 안내

장기요양업무 시스템
· 장기요양정보시스템: 급여 계약/ 제공 계획/ 계약 통보 등 정보 입력
· 사회복지시설정보시스템: 회계, 인력, 이용자 등록 등 통합업무시스템

돈 못 받을 걱정이 없다

현대는 신용 거래의 시대로 거래처에서 대금을 받으려면 일정 시간을 기다려야 한다. 그런데 이 받아야 할 돈을 제때에 못 받아서 골치 아픈 일이 정말 많이 생긴다. 설령 내가 잘못하지 않았어도 거래처에 도산이나 폐업 같은 일이 터지면 약속한 날에 돈을 받을 수가 없다. 손해를 넘어 자칫 사업의 존폐를 걱정할 정도로 심각한 위기에 처할 수 있는 중대한 문제다. 내로라하는 기업이 망했다고 해서 이유를 들어보면, 일을 잘못해줬거나 제공 납품하는 물건이 나빠서가 아니라 십중팔구는 '받을 돈을 못 받아서'다.

확실한 현금 지급

과거에 건설업계에 있었던 나는 '일 해주고 돈 받기'가 얼마나 쉽지 않은지 실감한 사람이다. 공사대금을 받으려면 당연히 받아야 할 돈인데도 상당히 복잡하고 굴종적인 결제구조를 거쳐야 했다. 혹시라도 못 받을까 봐 전전긍긍하면서 눈치와 넉살도 어지간히 늘었다.

그랬던 내가 처음 복지용구 사업소를 열면서 장기요양사업의 결제구조를 찬찬히 보았더니 놀랍다 못해 신기할 정도였다. 이 사업은 나라가 현금 지급을 보장해주므로 돈을 못 받을 걱정이 전혀 없었다! 참 재미있었다. 일반 상점에서는 상품을 판매하고 구매자에게 그 값을 받으면 거래가 끝나는데, 장기요양사업은 수급자와 요양급여 계약서를 작성하면서부터 공단과의 진짜 거래가 시작되는 식이었다.

장기요양사업은 모든 대금을 나라가 직접 한 치의 오차도 없이 친절하게 챙겨주는 사업, 즉 '현금 지급이 확실한 사업'이다. 한 달 동안 성사된 계약을 관리, 집계해서 월말에 클릭 몇 번으로 청구하면 다음 달 하순 정해진 날짜, 정해진 시간에 대금이 정확하게 지급된다. 국가기관인 국민건강보험공단으로부터 입금되므로 돈을 못 받을까 봐 걱정할 필요도 없고, 저쪽 사정을 살필 필요도 없다. 결제구조가 놀라운 정도로 분명하고 확실한 사업이다.

하지 않을 이유가 없다

지금은 엄격하게 금지되어 있지만, 제도 초창기에는 기관이 장기요양 수급자에게 본인 부담금을 받지 않거나 할인해주어도 문제가 없었다. 처음 복지용구 사업소를 열고 따져봤더니 수급자에게 본인 부담금을 받지 않아도 공단에서 85%를 받을 수 있으므로 마진(판매가와 원가의 차액)이 15~25%는 되었다. 만약 장기요양 수급자가 기초생활수급자라면 본인 부담금 없이 국민건강보험 공단에서 전액을 지급하므로 공짜로 주고도 30~40%의 마진을 그대로 얻을 수 있었다.

물론 공짜로 주면 마진이 조금 줄어들지만, 여러 개를 판매하면 괜찮았다. 소문이 나면 고객이 일부러 찾아오는 매장이 될 테니 장기적으로 볼 때 오히려 더 유리하다고 판단했다. 그때부터는 고객이 방문하면 필요한 복지용구를 공짜로 드릴 테니 이용 한도 안에서 넉넉히 가져가시라고 권했다. 다른 곳에서는 돈 받고 파는 복지용구를 두세 개씩 그냥 들고 가시라 하면, 상당히 의심스러운 눈빛이 되돌아왔다. 말하는 나도 스스로 '사기꾼 같이 보이겠네!'라는 생각이 들 정도였다.

당시 내가 본인 부담금을 받지 않는 다소 공격적인 전략을 쓸 수 있었던 까닭은 국민건강보험공단의 대금 지급이 확실하기 때문이었다. 이 부분에 조금이라도 의심이나 불안함이 있었다면 감히 시도도 못 했을 일이다.

이 사업은 나라가 시키는 심부름을 수행하는 것이니 심부름 삯을 못 받을 걱정은 하지 않아도 된다. 돈도 돈이지만, 사업하면서 대금 회수를 걱정할 필요 없다는 것이 얼마나 마음 편한 일인지 아는 사람은 다 알 것이다. 이런 사업을 하지 않을 이유가 없다.

노파심에서 다시 한번 짚고 넘어가겠다. 지금은 본인 부담금을 면제·할인해주는 행위가 불법으로 부당청구에 해당한다. 만약 2회 이상 적발되면 기관 지정이 취소되고, 수급자는 등급 인정을 박탈당하는 매우 중요한 문제이니 절대 해서는 안 된다.

나랏일 심부름꾼은 세금을 내지 않는다

무섭고 무서운 세금

사업하는 사람이 가장 무서워하는 것이 무엇인지 아는가? 바로 세금이다. 우리가 사업을 해서 버는 돈에는 세금이 포함되어 있고, 이 세금은 때에 맞춰 반드시 나라에 내놓아야 한다. 이는 누구나 아는 사실인 동시에 자꾸만 잊는 사실이다. 이상하게 금고 안에 있는 돈에서 일부를 떼어 세금을 내려면 그렇게 아까울 수가 없다. 어차피 내야 하는 돈임을 알면서도 왠지 속이 쓰리다.

사업자등록증을 내면 즉각 실력 있고 믿을 만한 세무사부터 섭외해서 '절세 방안'을 모색하는 것도 이런 심리와 무관하지 않다. 세금이 얼마나 무서운지 사업해서 돈을 벌기도 전에 세금 낼 걱정부터 하면서 대비책을 마련하는 격이다.

세금을 나라가 일방적으로 빼앗아가는 돈이라는 듯이 말하는 사람도 있는데, 잘못된 생각이다. 세금은 내가 사업해서 돈을 벌 수 있도록 환경과 인프라를 제공해준 나라와 사회에 하는 일종의 '사례'라고 보아야 한다.

세금 없이 사업한다

장기요양기관과 의료기관은 모두 국민건강보험공단의 관리를 받고 거의 동일한 운영 구조와 프로세스로 업무가 진행된다. 단 세금에 관해서만은 확연히 다르다.

우선 의료기관(병·의원, 약국)은 일반 과세 사업장이다. 의료수가가 높게 책정되어 있어서 매출액 대비 그에 상응하는 세금을 낸다. 세금을 내도 수익이 적지 않지만, 여전히 세금은 아까운지 비급여 고액 치료비는 먼저 할인까지 제안하며 현금 계산을 유도하는 의료기관이 있다고도 한다.

반면에 장기요양기관은 면세 사업장이다. 소득세법, 법인세법 등 세법의 적용을 받지 않는 사업장으로 해당 사업수익에 대해 납세의 의무가 없다. 사업 초기부터 지금까지 내내 고수해온 정책으로 부가가치세가 없고, 종합소득세 대상도 아니다.

우리나라 과세의 기본원칙은 '소득 있는 곳에 세금 있다'다. 그런데 이 말을 다시 생각해보면 '소득 없는 곳에는 세금이 없다'라는 말이 되겠다. 장기요양기관이 면세 혜택을 받는 까닭도 비슷한 맥락이다.

앞에서 언급했듯이 장기요양기관은 '나랏일의 심부름꾼'이고, 시키는 대로 해야 약속한 삯을 받을 수 있다. 심부름꾼이 일을 잘하면 삯을 받는 데는 문제가 없겠으나, 나라가 요양수가를 워낙 낮게 책정한 탓에 심부름꾼 손에 쥐어지는 돈이 그리 많지는 않다. 방문요양의 경우, 요양보호사와 채용 사회복지사에 대해 86.6%라는 직접 인건비 지급 규정이 있다. 나머지 13.4%로 기관 임대료나 운영비, 영업 활동비 등을 쓰면 세금으로 낼 돈이 책정되지 않음을 인정해주는 것으로 보인다.

수익에 관하여

어쩌면 '대체 버는 돈이 얼마나 적으면 세금까지 면제해주나?'라고 생각할지도 모르겠다. 어떤 사업이든 가장 궁금하고 중요한 부분은 '얼마나 버는지', 즉 '영업이익'이다. 이 역시 장기요양사업은 국민건강보험공단에서 정해놓은 규정에 따르므로 어느 곳이나 똑같다.

수급자 한 명에게 방문요양 급여를 제공했을 경우, 기관은 정해진 요양수가를 수급자 본인과 공단으로부터 각각 15%, 85%씩 나눠서 받는다. 여기에서 요양보호사 인건비(급여+사회보험료+퇴직금)로 최저 86.6%(2021년 기준)가 나가야 한다. 나머지 13.4%에서 운영비(임대료, 업무 비용, 기타 잡비 등)를 쓰고, 여기에서 남는 만큼을 기관장 급여로 가져갈 수 있다. 잘 융통하면 보통 5~8% 정도가 된다.

예컨대 수급자 한 명에 100만 원을 받는다면 그중 5~8만 원이 내 돈이다. 만약 어르신 100분을 모신다면 기관장 급여가 500~800만 원인 셈이다. 40~50분만 모셔도 200~400만 원이 된다. 보통 처음 기관을 열고 이용자를 20~30명 정도까지 확보할 때까지만 잘 운영하면 이후부터는 신규 이용자 유치기량이 갖춰지니 기관 유지에 큰 어려움이 없다. 사업이든 창업이든 뭘 하더라도 안정적으로 자리를 잡을 때까지는 시간이 필요하다.

아마 이 정도 금액이면 괜찮다고 생각하는 사람도 있고, 적어서 실망하는 사람도 있을 것이다. 어느 쪽이든 이 사업이 하루아침에 대박이 나서 큰돈을 거머쥐는 그런 종류의 일이 아님을 알아야 한다. 애초에 돈이 아니라 '안정적으로, 크게 어려운 일 없이, 적지만 꾸준하게 수입이 발생하며, 정년 없이 오랫동안' 기관을 운영할 수 있다는 점에 더 많이 주목해야 하는 사업이다.

가성비가 '높아 보이는' 사업이다

전달자 사업의 가성비

사업이 잘되려면 고객이 끊이지 않아야 하고, 고객이 끊이지 않으려면 고객 만족도를 높여야 한다. 고객 만족도를 높이는 가장 좋은 방법은 뭐니 뭐니해도 '높은 가성비'다. 그렇지 않은가? 좋은 물건이나 고급 서비스를 운 좋게 저렴한 가격에 구매하면, 즉 가성비 좋은 구매를 하면 내 돈 주고 샀으면서도 오히려 돈을 번 것처럼 기분이 좋다. 설령 작은 흠이 있어도 그냥 너그럽게 넘어갈 정도로 아주 만족스럽다.

전달자 사업은 그 고객이 되는 국민이 보기에 가성비가 상당히 높은 사업이다. 의료기관, 사회복지기관, 장기요양기관 등 사회복지서비스를 전달하는 민간 집행기관은 특히 더 그렇다. 하지만 엄밀히 말하면 가성비가 높은 것이 아니라, '높아 보이는 것'이다.

알다시피 전달자 사업은 주로 세금에 의해 운영된다. 나라는 국민으로부터 세금을 받아서 그 돈으로 관공서를 지어 편의를 제공하고, 공기업을 통해 사업을 시행하며, 민간 집행기관과 함께 복지를 전달한다.

생각해보자. 우리가 받는 보건의료서비스, 즉 전문 의료인(의사, 간호사, 약사)의 치료, 간호, 예방, 관리, 재활, 제약, 복약지도 등에는 항목마다 정해진 가격이 있다. 이를 의료수가라고 하는데 의원·약국 기준 보통 환자가 약20~30%, 국민건강보험공단이 약70~80%를 부담한다. 그럼 국민건강보험공단이 부담하는 70~80%는 어디에서 나오는 돈인가? 바로 우리가 매달 꼬박꼬박 내는 건강보험료다.

가성비가 높아 보이는 이유

재미있게도 사람들은 나라가 세금을 많이 거둬간다고 불평하면서도 자신이 세금을 낸다는 사실을 종종 잊는다. 전달자 사업을 이용하면서 자신이 미리 내놓은 돈을 떠올리는 사람은 그리 많지 않다. 단순하게 현장에서 지불하는 돈이 적으니까 이렇게 저렴한 가격으로 내 건강의 서비스를 받을 수 있다는 사실에 기뻐한다. 가성비가 높다고 여기기 때문이다.

장기요양기관에 상담하러 온 노인과 보호자는 대부분 비슷한 반응을 보인다. 이렇게 세심하고 정성 어린 돌봄을 받는 것에 비해 비용이 생각보다 너무 저렴해서 깜짝 놀라는 것이다. 나라에서 지원해 준다는 걸 알고 왔으면서도 막상 차량 지원, 식사와 간식, 각종 프로그램과 행사, 심리 및 인지, 재활 치료 서비스 등 양질의 다양한 서비스에 관해 설명을 들으면 놀라지 않을 수 없나 보다. 이야기가 채 다 끝나기도 전에 '이 돈만 내면 이걸 다 해 준다고?'라는 눈치다.

주간보호센터에서 어르신 한 분은 한 달 평균 약 120만 원의 수입원이 된다. 하지만 어르신이 기관에서 직접 결제하는 비용은 약 20만 원 정도에 불과하고, 나머지는 모두 공단에서 지급한다. 만약 다음 달부터는 어르신 본인이 요양수가 전액을 내야 한다고 말씀드리면 어떻게 될까? 분명히 비용이 너무 부담되어서 이용을 주저하거나 혹은 포기할 테고, 센터는 이용자가 뚝 끊길 것이다.

낮은 진입장벽

앞에서 초고령화로 인해 노인은 계속 생겨나고, 핵가족화로 가정 내 돌봄 인원이 줄어들어 사회적 돌봄에 대한 수요가 커진 다는 이야기를 했다. 하지만 돌봄이 필요한 어르신이 아무리 많 다 한들, 실제로 이용하지 않으면 무슨 소용이겠는가? 이때 이 용 여부를 결정하는 요소는 아무래도 비용이다.

장기요양사업은 가성비가 '높아 보이는' 덕분에 이용 진입장 벽이 낮은 편이다. 제도를 몰라서 못 하는 사람은 있어도, 비싸 서 이용하기 어렵다는 사람은 못 봤다. 장기요양보험료를 미리 냈든 안 냈든, 당장 한 달에 한 번씩 결제하는 돈이 적으니 비용 이 이용 여부를 결정하는 데 문제가 되는 일은 거의 없다. 게다 가 기초생활수급자는 본인 부담금이 아예 없다.

'높아 보이는' 가성비는 장기요양기관이 이용자를 계속 늘려 나가는 데 매우 유리한 요소다. 어르신과 보호자들은 비용 부 담 없이 이용하며, 기관은 적은 비용을 내세워 이용을 권할 수 있다.

처음 시작할 때는 어느 세월에 이용자를 한 명, 한 명 모아서 사업을 궤도에 올릴 수 있을지 걱정스러울 수 있다. 하지만 우 리에게는 전달자 사업인 장기요양사업이 가지는 특수성이 있음 을 잊지 말자. 장기요양사업은 수요가 끊이지 않고, 이용 진입 장벽이 낮으며, 이용자의 기관 교체가 흔치 않다. 정말 대단한 강점이다. 이를 믿고 문득 올라오는 걱정을 꾹 눌러가며, 천천 히 꾸준히 걸어가면 된다.

갑(甲)으로
성공하는 법

갑과 을

세상의 모든 거래에는 갑과 을이 존재한다. 간단히 말해서 돈 내는 사람이 갑이고, 돈 받는 사람이 을이다. 거래 과정에서 갑과 을이 보이는 태도는 사뭇 다르다.

갑은 구매할 상품이나 서비스에 관해 꼼꼼히 묻거나 따져보고, 요리조리 샅샅이 살핀다. 음식점에서는 맛을 확인하고, 매장의 위생 상태나 분위기, 종업원의 태도를 유심히 보며, 각종 정보를 취합해 가격의 합리성을 따진다. 백화점에서도 상품 하나를 잡고 서는 한참을 묻고 고르다가 구매 여부를 결정한다. 반대로 을은 거래를 성사시키고자 갑이 원하는 바를 최대한 파악해서 만족시키기 위해 갖은 애를 쓴다.

갑과 을이 바뀌는 사업

갑과 을의 태도가 반대인 상황도 있다.

병원에서 환자는 갑이고 의사는 을이지만, 이상하게 둘의 태도는 일반적인 갑과 을의 그것과 다르다. 우선 환자는 의사를 마음대로 만날 수 없으며, 접수 후에 잠자코 기다리다가 호명된 후에야 비로소 진료실에 들어갈 수 있다. 드디어 만났지만, 의사는 환자보다 컴퓨터 모니터를 더 주시하면서 몇 가지 질문을 던질 뿐이다. 진료 시간은 길어야 5분, 대개 2~3분이면 끝난다. 환자는 대체로 군말 없이 의사의 치료 계획을 따른다. 참 이상하다. 분명히 내가 갑인데, 병원에만 가면 어쩐지 을이 된 것 같은 느낌이 든다. 왜 그럴까?

단순히 아픈 데를 고쳐주니 고마워서가 아니다. 너무나 저렴한 가격에 치료를 받았다고 생각, 아니 착각하기 때문이다. 그러니까 건강보험료로 의료수가의 70~80%를 미리 낸 사실을 잊고, 당장 내는 저렴한 가격에 흡족하고 절로 고마운 마음이 들어 기꺼이 '을 같은 갑'이 되는 것이다. 반대로 병원은 환자 본인과 공단으로부터 돈은 돈대로 다 받으면서 '갑 같은 을'이 된다.

정말 멋진 사업이지 않은가! 어디서 받든 돈은 다 받으면서, 갑으로 대접까지 받는 사업이라니, 사업을 하려면 이런 사업을 해야 한다. 문제는 누구나 부러워할 만한 사업이긴 하나, 누구나 할 수는 없는 사업이라는 사실이다. 의료사업을 하려면 먼저 의사나 약사가 되어야 하는데 의사의 경우, 의대를 졸업하고 수련의를 거쳐 의사고시까지 통과해야 한다. 약사가 되려고 해도 못지않게 오랫동안 열심히 공부해야 한다. 장기적인 계획과 노력을 통해서만이 가능한 일이다.

'갑 같은 을'이 되자!

대신 의료사업과 아주 유사한 사업이 하나 있는데, 바로 장기요양사업이다.

국민건강보험공단은 국민건강보험 제도로 의료사업을, 노인장기요양보험 제도로 장기요양사업을 운영한다. 두 제도가 똑같은 기초와 원리로 만들어졌으며, 두 사업의 운영 구조와 프로세스가 동일하다. 하는 일과 구체적인 수가, 본인과 공단 부담금의 비율만 조금 다를 뿐이다.

비용도 비용이지만, 장기요양기관은 어르신 본인과 그 보호자에게 꼭 필요한, 너무나 고마운 존재다! 주간보호센터에 오는 어르신들은 가족들이 전부 나가고 없는 집에 홀로 외롭게 있는 대신, 낮 동안 안전하고 즐거우며 유익하게 시간을 보낼 수 있다. 방문요양을 이용하는 어르신은 세면이나 목욕, 식사, 청소, 세탁, 말동무, 심부름 등의 도움을 받는다. 또 보호자들은 노인 돌봄 문제로 발생하는 심적, 경제적 부담을 덜고 자신의 생활에 집중할 수 있다. 이용하면 할수록 점점 더 고맙고 소중한 마음이 들며, 기관이 없었으면 어떻게 했을까 싶은 마음이 들지 않을 수 없다.

덕분에 장기요양기관도 병원처럼 '갑 같은 을'이 되어 늘 감사 인사를 듣는다. 노인과 관련한 사회복지사업을 한다는 점에서 사회적 평판도 좋다. 그러면서 수입은 국민건강보험공단에서 꼬박꼬박 100%를 채워주니 걱정이 없다.

사회복지사가 할 수 있는
최고의 선택

앞에서 장기요양사업이 의료사업과 같은 운영 구조와 프로세스로 운영되며, 역시 '갑 같은 을'로서 감사를 받으며 사업할 수 있다고 이야기했다. 물론 두 사업이 버는 돈의 크기는 확연히 다르다. 의료사업은 수가가 높아서 돈이 되지만, 장기요양사업은 수가가 상대적으로 낮은 편이라 비교하기에도 부끄럽다. 대신 장기요양사업에는 그만의 장점이 있다.

기관장은 근로자가 아니다

의료사업을 하는 전문 의료인은 근로자지만, 장기요양사업을 하는 기관장은 관리자라는 점을 기억해야 한다. 의사와 약사는 직접 진료, 처방, 조제 등을 해야 하는 반면, 기관장은 직접 현장에 나가 요양급여를 제공하는 사람이 아니다.

예를 들어보자. 개업한 의사나 약사가 사업장인 병원이나 약국을 비우면 일한 실적이 없으니 매출도 없다. 국민건강보험공단에서는 면허를 취득한 전문 의료인의 의료 행위에 대해서만 의료수가를 지급하므로, 의·약사가 직접 수행하는 노동이 없으면 수입도 발생하지 않는다.

반면에 장기요양기관의 장은 개인 여건에 따라 며칠 동안 자리를 비워도 기관이 돌아가는 데 큰 문제가 발생하지 않는다. 기관장이 지정된 장소에서만 근무 활동을 인정 받는게 아니기 때문이다. 요양의 직접 근로는 요양보호사들이 규정에 따라 알아서 하며, 상근 사회복지사들도 각자 주어진 업무를 역시 규정에 맞춰 진행한다. 국민건강보험공단은 기관장이 아니라 요양보호사와 사회복지사들이 일한 내역을 확인해서 그에 맞춰 요양수가를 지급하므로 매출에도 전혀 지장이 없다. 기관장은 경영자이며 관리 역할자인 것이다.

	노인장기요양사업	의료사업(개원의 기준)
관리운영기관	국민건강보험공단	
사업 제도	노인장기요양보험 제도	국민건강보험 제도
주요사업자 /사업장	사회복지사 · 간호사 / 장기요양기관	전문 의료인(의 · 약사) / 의료기관(병 · 의원, 약국)
주요 사업 대상	장기요양급여 인정자(요양수급권자)	국민건강보험 가입자(모든 국민)
본인/공단 부담률	15% / 85%	5~20% / 80~95%
특징	· 요양수가가 상대적으로 낮음 · 관리적 경영–직접 현장 요양하지 않아도 매출 발생 · 이용자의 보호자를 주로 상대함 – 이용자가 직접 내원하지 않음 · 연간계약으로 지속 안정적 이용 유지됨	· 의료수가는 상대적으로 높음 · 근로자적 경영–직접 의료 행위를 해야 매출 발생 · 환자를 직접 상대함 – 환자가 직접 오지 않으면 매출 없음 · 환경 여건에 따라 환자 수가 유동 적임
하는 일	노인 돌봄(요양)	환자 치료

〈표8. 노인장기요양사업 vs. 의료사업〉

소모적인 일이 필요 없다

보통의 사업가들은 사람을 많이 만난다. 고객, 거래처 사람, 관계 기관의 담당자 등 일정표를 보면 누군가와 만나는 일이 빼곡하다. 주변에 사업하는 지인들도 보면 관련된 사람들과 돈독한 관계를 쌓기 위해 꽤 공을 들인다. 때마다 잊지 않고 인사하고, 주기적으로 연락해서 안부도 물어야 한다. 체력과 정신, 시간적 소모를 마다하지 않고, 혹시라도 생길 수 있는 효용을 기대하며 손이 닿는 곳까지 최대한 인맥을 넓히면서 자신을 알린다.

장기요양기관의 기관장은 이런 소모적인 행위를 할 필요 없다. 이런 일로 사업의 성패가 나뉘지 않으므로 괜한 애를 쓰지 않아도 된다. 기관장은 하는 일이 내부 운영과 경영에 더 집중되어 있으며 사업 때문에 외부 요소와 접촉할 일이 극히 드물다. 직접 근로자가 아니어서 의사나 약사처럼 종일 아픈 사람을 대할 필요도 없다. 누군가와 대면해야 한다면 어르신의 보호자와 상담하는 경우가 대부분이다.

가끔 구청이나 공단 담당자와의 관계를 문의하는 분들이 있는데 크게 신경 쓸 필요 없다. 물론 초기에는 담당자를 만날 일이 더러 있고 도움을 얻을 수도 있겠지만, 이후에는 일 자체가 전산으로 이루어지므로 그쪽에서 따로 도움을 줄 일도 없고, 줄 수도 없다. 어쩌다가 좋은 관계가 되었다고 해도 어차피 공무원들은 주기적으로 전보되므로 큰 의미가 없다.

구청이나 공단의 담당자들은 기관이 아무 탈 없이 규정대로 일을 잘 해주기만을 바랄 뿐이다. 기관은 다른 외부 요소에 신경 쓰지 말고 내부에서 각자 맡은 일만 정확하게 해내면 된다.

장기요양사업은 사회복지사가 기관장으로서 성공할 수 있는 최적의 사업이다. 이만큼 '갑'의 당당함을 잃지 않고, 다른 데 신경 쓸 필요 없이 꾸려나갈 수 있는 사업은 흔치 않다. 사업하는 내내 을이 되어서 상대방의 눈치를 보거나, 분위기에 질질 끌려가거나, 돋보이려고 급급할 일이 전혀 없다.

리스크 ZERO
사업이다

지금처럼 위기가 일상화된 불확실성의 시대에는 '안전과 안정'이 확보된 사업에 투자해야 한다. 이런 의미에서 일반 사업과 비교했을 때, 리스크가 거의 제로에 가까우며 누구나 쉽게 성공할 수 있는 장기요양사업은 이 시대에 가장 주목 받는 사업이라 할 수 있다. 내가 13년 동안 이 사업을 해오면서 알게 된 이 분야의 동료 사업자들 중 이 사업군을 떠난 사람은 아무도 없다.

창업리스크 ZERO

누구나 쉽게 창업(참여)할 수 있는 사업이다. 사회복지사 자격

중 하나만으로 손쉽게 창업(참여)할 수 있는 사업이며 만약 사회복지사 자격증이 없다면 일반법인(영리법인)을 만들어 사회복지사를 채용하여 인가를 받고 법인으로 운영하면 된다.

고객 불만 리스크 ZERO

같은 돌봄이라도 아이를 맡기는 보호자는 요구사항도 많고 궁금한 것도 많지만, 노인을 맡기는 보호자는 다르다. 본인 대신 어르신을 돌봐드리는 것만으로 충분히 만족하므로 급여 이용 계약 후에 특별한 상황 아니면 접촉할 일 자체가 없다. 어르신 본인도 별반 다르지 않다. 저렴한 가격에 정성스러운 돌봄을 받는다는 생각에 매우 흡족해하시므로 불평불만이 거의 없다.

나는 종종 기관장으로서 주간보호센터 어르신들에게 인사드리는 시간을 갖는다. 이때 불편하신 점이 있는지, 직원들이 잘 도와주는지, 식사는 입에 맞으시는지 여쭈면 전부 칭찬과 감사의 말만 쏟아진다. 이렇게나 세심히 잘해주니 너무나 고맙다며 만족도가 최상이다. 그러면 나도 기분이 좋아져 어르신들 흥 나시라고 마이크를 잡고 노래 한 곡 올린다. 어깨춤 한번 덩실해드리면 어느새 무대 앞이 동네 잔치판으로 바뀐다. 모두가 만족스럽고 기분 좋은 시간이다.

'높아 보이는' 가성비는 고객 불만마저 사라지게 한다. 만약 주간보호센터 어르신들이 한 달 요양수가를 온전히 내고 오신 다면 어떨까? 매서운 눈초리와 까다로운 손길로 시설 어디에 흠이라도 하나 있나 찾을 것이다. 시설의 상태, 인테리어의 분위기, 집기의 청결도, 음식 재료의 품질, 직원의 태도, 프로그램 진행자의 실력 등을 따지고 평가할 것이다. 내가 노래를 불러 드린다고 하면 너 말고 영웅이나 영탁이를 데려오라 할 것이다.

어르신들은 기력이 좀 없다뿐이지 예리한 감각과 날카로운 관찰력은 여전히 살아있다. 평생을 직장에서 일하고 집에서 살림하던 분들이라 시설 하나, 반찬 하나만 봐도 뭐가 좋고 나쁜지, 어디에 정성이 얼마큼 들어갔는지 다 안다. 다만 가성비가 높다고 생각하기에 당신 눈에 살짝 거슬리는 부분이 있어도 모르는 척할 뿐이다.

고객 이탈 리스크 ZERO

요식업, 유통업, 숙박업, 운수업 같은 일반 서비스업은 기존 고객의 재방문을 유도해 단골로 만드는 데 집중하고 많은 자원을 투입한다. 고객 충성도가 성패를 가늠하는 중요한 요소이기 때문이다.

장기요양사업도 사회복지서비스를 전달하므로 일종의 서비스업이지만, 별다른 노력 없이도 고객 충성도가 높다는 점에서 일반 서비스업과 구별된다. 우선 어르신들은 젊은 사람처럼 거주지 이전이 잦지도 않고, 익숙한 장소와 사람에 대한 선호가 강하다. 다른 기관이 이용자 확보에 혈안이 되어서 부정한 짓을 하지 않는 한, 어느 기관이나 비용도 똑같다. 이렇다 보니 한 번 이용을 시작하면 큰 문제나 불만 사항이 없는 이상, 같은 기관을 계속해서 이용한다.

이런 이유로 장기요양기관은 기존 고객이 이탈할까 봐 걱정하거나 방지책을 마련할 필요가 거의 없다. 따라서 자원을 기존 고객 유지가 아니라 신규 이용자 발굴에 투입하는 것이 가능하다.

사고 리스크 ZERO

사업 중에 발생하는 사고는 경영자에게 지옥 같은 악몽이다. 장기요양사업은 특별히 사고가 날 만한 일이 없지만, 현장 요양 중에 어르신의 낙상이나 물리적 상처가 발생할 수 있다. 일상생활 중에 신체 기능이 약화한 어르신의 부상은 종종 있지만, 현장 요양 중에는 경험과 실력으로 무장한 요양보호사가 눈을 떼지 않고 주시하므로 그마저도 흔한 일은 아니다. 그래도 대비는 해야 하므로 기관은 반드시 배상 책임보험을 확실하게 들어두어야 한다. 혹시라도 사고가 나면 보험으로 처리를 할 수 있게 제도화되어 있는 것이다.

최근의 감염병 사태도 일종의 사고 리스크라 할 수 있다. 이런 국가적 위기는 따로 대비할 수도 회피할 수도 없다. 유치원이나 학교는 감염 상황에 따라 휴원, 휴교했지만, 장기요양기관은 쉬지 않고 계속했다. 우리가 문을 닫으면 어르신들이 돌봄을 받지 못하고, 특히 방문요양의 경우는 어르신의 안위, 생존과도 관련된 일이기 때문이다. 일주일에 두 번씩 PCR 검사를 하고 서로 조심하면서 방역에 최선을 다한 덕분인지, 다행히 우리 기관에서는 확진자 없이 무사히 넘어가고 있다. 적극적으로 협조해주는 직원들과 어르신에게 감사드린다.

직원 리스크 ZERO

사업하는 사람에게 직원 관리는 참으로 어려운 문제다. 강하게 하면 반발과 부작용이 생길 수 있고, 약하게 하면 자칫 조직이 느슨하고 분위기가 해이해질 수 있기 때문이다. 믿고 맡겼는데 나중에 보니 일을 엉뚱하게 해놨다든가, 고양이에게 생선가게를 맡긴 격이었음을 알게 된다면 그 실망감과 배신감이 엄청

날 것이다.

장기요양기관은 모든 업무와 운영 프로세스가 이미 규정되어 있으므로 직원과 그들의 업무에서 돌발적인 상황이 발생할 틈새조차 없다. 컴퓨터만 켜면 어떤 직원이 어떤 업무를 처리하거나 처리하지 않았는지 모두 투명하게 보이기 때문이다. 모든 과정을 공단과 기관이 함께 보면서 진행하므로 직원 때문에 놀랄 일이 극히 드물다.

시즌 리스크 ZERO

일반 돈벌이 사업의 경우, 정도의 차이는 있겠으나 유행이나 계절을 타고 성·비수기 편차가 심하다. 심지어 의료사업도 전문분야에 따라 유행, 계절, 성·비수기 편차가 존재한다. 각 업계는 이로 인한 피해를 조금이라도 줄여보고자 다양한 아이디어를 내놓는다. 예를 들어 항공업계는 성·비수기 요금 차등제를 시행하고, 요식업계는 여름과 겨울 메뉴를 따로 개발하는 식이다. 특히 요즘처럼 반짝 유행했다가 사라지는 아이템이 많은 시대에는 어떤 사업을 하든 시즌 리스크를 고려하지 않을 수 없다.

장기요양사업은 시즌 리스크가 없는 사업이다. 유행이나 계절에 따라 이용자가 늘거나 줄어드는 일이 없으며, 성·비수기도 따로 없다. 이용자는 언제나 같은 수로 존재하며, 또 지속적으로 이용하기 때문에 수입이 꾸준하고 안정적이다. 매출이 크게 상승했다가 크게 하락하는 일이 없으므로, 일 년 내내 기복 없이 점진적으로 발전할 수 있다.

안 하는 사람은 있어도
그만두는 사람은 없다

일의 가치

사람은 누구나 나이가 든다. 늙는다는 건 확정된 미래이고, 남의 이야기도 아니다. 문제는 수명이 길어져 아직 살아갈 날이 많이 남았는데, 어느 정도의 나이가 되면 할 일이 자꾸만 줄어든다는 사실이다. 직장을 계속 다니기도 어렵고, 사회적 활동이나 모임도 점점 사라진다. 이런 현실을 자각한 사람은 대부분 자신이 늙었다는 생각에 급격히 힘이 빠진다. 멀쩡하던 사람도 달라진 현실에 씁쓸해하면서 스스로 노인의 길을 걷는다. 할 일이 사라졌으면 얼른 다른 일을 찾아야 하는데 현실적으로 쉽지 않다고 여겨 포기하거나 안주하면서 그대로 '노인 됨'을 받아들이는 것이다.

나이보다 젊어 보이며 건강하고 밝게 사시는 노인들은 대부분 일을 하고 있다. 말씀을 들어보면 "나이가 들어서 일하지 않고 놀아보니, 노는 것이 가장 힘들더라……" 하신다. 맞는 말씀이다! 일은 만남을 만들고, 규칙적인 생활을 주며, 건강하게 하고, 돈을 벌어주고, 보람을 느끼게 한다. 일은 젊어서는 안 하면 안 되는 책임인 동시에, 노후의 가장 큰 행복이다.

늙어서도 할 수 있는 일

장기요양사업은 정년 없이 나이가 들어도 충분히 할 수 있는 일이다. 같은 운영 구조와 프로세스로 비교 대상이 되는 의료사업도 정년은 없으나 장기요양사업은 더 오래 가능하다. 개업한 의사와 약사는 환자를 직접 만나 상담, 치료해야 하지만, 장기요양기관의 기관장은 직접 현장 요양에 나서는 것이 아니기 때문이다. 현장 요양과 실무는 요양보호사와 사회복지사가 하고, 기관장은 운영 및 관리만 하면 되는 시스템을 만들 수 있기 때문이다.

장기요양사업은 나이가 들수록 보다 여유롭고 편히 할 수 있는 사업이다. 초고령사회를 목전에 두고 노인 삶에 대한 주목도가 높아지며 노화에 대한 이해도가 높아졌다고는 하지만, 사실 직접 겪어보지 않은 사람은 노화를 제대로 이해하기 어렵다. 노화는 단순하지 않으며 신체적, 심리적, 사회적으로 복잡다단하게 일어나는 변화다. 나 자신이 나이를 먹고 노화를 실감해야 타인의 노화도 어느 정도 이해할 수 있다. 처음 장기요양기관을 창업할 때도 너무 젊은 나이보다는 어느 정도 사회 경험, 인생 경험이 있는 나이라면 더 유리하다.

장기요양사업은 기관장이 정년 없이, 그리고 힘든 노동 없이 지속적으로 할 수 있는 일이다. 요즘 여기저기서 '지속 가능한'이라는 말이 자주 보인다. 지속성과 일관성이야말로 현시대 사람들이 가장 추구하는 가치라 할 수 있다. 장기요양사업은 이 '지속 가능한'이라는 말에 가장 어울리는 사업이다. 할수록 힘에 부치는 사업이 아니라, 시간이 흐를수록 더 넉넉한 마음으로 편안하게 할 수 있는 사업이다.

그만둘 수 없는 일

늙어서도 크게 힘들이지 않고 지속적으로 할 수 있는 일이라 그런지, 이 사업은 한번 시작했으면 자발적으로 그만두는 사람이 거의 없다. 내가 2009년 1월에 처음 복지용구 사업소를 열었으니 장기요양사업을 한 지 벌써 13년이 훌쩍 넘었다. 당시에 영업 대상자는 주로 방문요양센터의 센터장과 소속 사회복지사들이었다. 최대한 많은 분에게 우리 매장을 알려야 이용하시니 13년 넘는 세월 동안 만난 분이 적지 않다. 이렇게 인연이 닿아 알게 된 기관장님들 중에 지금도 이 사업을 안 하는 분이 거의 없다. 전부 여전히 직간접으로 기관을 운영한다.

물론 폐업하는 곳도 있다지만, 그편이 더 유리해서 한 선택이며 사업 자체를 포기하시는 사람은 없다는 것이다. 기관 문을 닫아도 곧 다른 기관을 열어 어떻게 해도 사업을 계속하는 식이다. 형제나 자녀들에게 우선 사회복지사 자격부터 취득해 두라고 권하기도 한다. 해보니 아무리 봐도 이만한 사업이 없기 때문이라고 본다.

자녀에게 권하는 사업

한국고용정보원이 발간한 「2019 한국의 직업정보(2019 KNOW 연구보고서)」에 직업을 10개 대분류로 나누어 만족도, 근무조건, 전망 등을 분석한 내용이 있다. 조사 결과, '내 직업을 자녀에게도 권하고 싶다'라고 답한 직업군 1위는 보건·의료직(53.7%)이고, 2위는 교육·법률·사회복지·경찰·소방직 및 군인(38%)이었다. 재미있지 않은가? 1위와 2위 모두 전달자 사업이다.

자기 직업을 자녀에게 권하기란 참 조심스럽고 신중해야 할 일이다. 아마도 1위와 2위 직업군은 전달자 사업이 주는 안정성, 정확성, 지속성, 사회적 평가 등을 모두 실감했을 것이다. 이를 바탕으로 자기 직업을 자녀에게 권하기에 충분하다고 판단한 것이다. 실제로 주변에 2~3대가 모두 의사, 약사, 교사, 공무원 등인 집안이 꽤 많은 것만 봐도 알 수 있는 사실이다.

현재 장기요양사업도 1세대 기관장의 자녀들이 많이 들어와 있는 상황이다. 제도가 시작된 2008년 무렵에 시작한 분 중에 50대 중후반 여성이 많았는데 그분들이 이미 60~70대다. 대부분 지금도 여전히 기관을 직접 운영하시는 동시에, 자녀에게도 많이들 권해 함께하고 있다.

품격 있는
사업

사업자로의 전향

23년 동안 월급쟁이로 살던 나는 동네 형님이 주신 노인장기 요양사업 정보를 타고 사업자로 바로 전향했다. 어릴때부터 꿈 꾸던 의·약사를 못 하고 어부지리로 선택한 전공인 건축분야 일을 벗어날 수 있는 기회를 얻은 것이었다. 주변 사람들은 아 니 가족까지도 내가 회사를 그만두고 그동안 해온 전공분야와 거리가 먼 노인요양사업을 한다니 걱정도 많고 반대도 많았다. 그동안 나는 건축 쪽으로 살 수밖에 없는 학과 전공 무기를 가 졌기에 다른 일을 할 수가 없는 여건이었다.

열심히 살았지만, 직장생활이 평탄하지만은 않았다. 주변의 오해나 시기를 견뎌야 했고, 조직의 비인간적인 행태와 냉혈한

처사에 혐오감이 들기도 했다. 허망함과 상실감에 괴로워하며 분통을 터트린 일도 한두 번이 아니다. 단순히 돈만 좇는 사업가, 이익을 위해서라면 경쟁자를 밀어내야 하는 사업가가 되기는 싫었다. 영리를 추구하는 동시에, 분명하고 당당하게 운영하며, 사회에 이바지하는 사업, 그런 '품격 있는 사업'이 간절했다.

장기요양사업의 품격

장기요양사업은 영세 자영 사업가로서는 비교적 품격을 지키며 할 수 있는 사업이다. 경쟁이 치열하고 불확실한 현대 사회에서 품격 있는 사업을 찾기란 너무나 어려운 현실이다. 전달자 사업이 아니라면 거의 없다고 봐도 무방할 것이다. 전달자 사업 중에서도 소자본으로 직접 근로하지 않고, 큰돈은 안되지만 어렵지 않게, 정년 없이 할 수 있는 장기요양사업은 품격을 지키며 사업하고 싶은 분들에게 최고의 선택이다.

이렇게 품격 있는 사업을 해서인지 주변 기관장님들을 뵈면 모두 얼굴이 온화하고 궁색한 면이 없이 여유롭다. 모두 사업에 본인의 좋은 품성과 인격을 담아 당당하고 여유롭게 임하신다.

(1) 경쟁하지 않는다

장기요양사업은 수요가 줄어들지 않고 시장이 꾸준히 성장한다. 좁은 시장 안에서 하나라도 더 내 손에 넣어보겠다고 업체들끼리 경쟁하고 싸울 일이 애초에 없다. 살아남기 위해 치열한 싸움이나 전략을 동원해야 하는 여타의 사업과는 완전히 다르다. 남의 것을 내 것으로 만들기 위해 머리를 쥐어짤 필요도, 남에게 내 것을 뺏길까 봐 전전긍긍할 필요도 없다. 그저 내 사업에 집중하면서 더 양질의 서비스를 제공하기 위해 노력하기만 하면 된다. 나의 리듬을 잃지 않고 규정에 따라 차근차근 하다 보면 어느새 자리를 잡고 길이 활짝 열린다.

(2) 고개를 숙이지 않는다

거만하게 안하무인으로 한다는 말이 아니다. 사업하면서 누군가에 고개를 숙여가면서 부탁하거나 도움을 구할 일이 없다는 말이다. 정해진 규정에 따라 나랏일을 수행하므로 국민건강보험공단이나 지자체와도 동등한 위치에서 협력하는 관계다. 어디 가서 고개를 숙인다고 하나가 두 개로 바뀌는 일이 아니다. 보호자와 만나도 함께 어르신 요양을 고민하고 도와드리는 쪽이니 고객 앞이라고 해서 그렇게 작아지지 않는다. 장기요양사업을 하면서 고개를 숙일 일은 내 기관 어르신들에게 공경과 존중을 담은 인사를 올릴 때뿐이다.

(3) 사업과 함께 성장한다

일반 사업의 경우, 사업가는 치열한 경쟁 속에서 사업을 성장시키기 위해 자신을 내던지기를 마다하지 않는다. 또 그렇게 하지 않으면 사업을 성공시키기 어려운 것이 현실이다. 그러다 보니 사업은 커졌지만, 정작 사업가 자신은 원래의 열정과 이상을 잃고 비정하고 음흉한 모략가로 전락한 경우도 많다.

이와 달리 장기요양사업은 갈수록 사람을 더 성숙하게 만든다. 이 사업을 하거나 관심이 있다면 기본적으로 복지와 봉사 마인드를 가진 분들이고, 돈을 벌면서 그러한 마음을 실천할 수 있으니 만족감이 두 배가 된다. 처음에는 자신의 이런 면을 자각하지 못했다가 점차 타인을 돕는 즐거움을 깨우치고 그로부터 만족감을 느끼는 분들도 많다. 장기요양사업은 사업의 성장과 사업가의 성숙이 동시에 이뤄지고 발전하는 몇 안 되는 귀중한 사업이다.

가치 있는 사업

사업의 가치

사업의 사전적 정의는 '영리를 목적으로 하는 경제활동'이다. 하지만 사업을 오로지 돈의 관점으로만 바라보면, 본래의 뜻이 왜곡되고 그 본질적 가치를 잃기 쉽다. 본질적 가치를 잃은 행위는 더 이상 힘을 얻지 못해 나아갈 수 없다. 모름지기 사업이란 영리와 가치의 균형점을 찾아야만 안정적으로 오랫동안 할 수 있는 법이다.

장기요양사업의 사회적 가치

장기요양사업은 사회적 가치와 경제적 가치를 동시에 창출한다. 나라가 마련한 제도적 시스템 안에서 노인 돌봄이라는 사회적 가치를 실현할 때마다 경제적 이익이 창출되는 가장 이상적인 형태인 것이다. 다음은 내가 생각하는 장기요양사업의 사회적 가치다.

(1) '내 집에서 늙어가기'를 가능하게 한다

삶을 마칠 때까지 익숙한 장소와 공동체에 남아 생활하기를 바라는 것은 인간의 본성이다. 우리보다 먼저 고령화를 경험한 선진국들은 일찍부터 'AIP_{Aging in Place}', 즉 '내 집에서 늙어가기'를 노인장기요양 정책의 개발과 실천 원리로 삼고 있다. 우리나라 장기요양 정책의 기본 방향 역시 노인들이 가능한 한 입원하지 않고 집에 머물면서 돌봄을 받게 하는 것이다.

노인장기요양보험 제도는 '내 집에서 늙어가기'를 지원하는 공적 지원 시스템이고, 장기요양사업은 이 시스템의 한 축을 담당하며 노인의 개별적 욕구충족과 최소한의 의지 실현을 도와 그들의 삶의 질 향상에 기여한다.

(2) 사회적 입원의 부작용을 줄인다

과거에는 돌봄이 필요한 노인이 아무리 집에 있고 싶어도 마땅히 이용할 수 있는 서비스가 없었다. 이처럼 다른 방도가 없어서 어쩔 수 없이 요양병원 등에 입원하는 '사회적 입원'의 경우, 그 부작용이 상당하다.

우선 건강보험료가 과다 지출되어 사회적 비용을 증가시킨다. 요양병원 입원환자 1인당 평균 의료수가는 255만 원으로 88만 원인 요양수가의 3배에 달한다고 한다. 요양병원에서 환자 한 명을 요양하는 비용으로 방문요양 노인 세 명을 요양할 수 있는 셈이다.

이뿐 아니라 노인 본인이 겪는 불편과 스트레스가 크다. 병원에서는 의지 실행이 거의 이루어지지 않고 통제와 관리를 받으며 일률적인 생활을 하기 때문이다. 외부와 차단된 공간에서 생활의 독립성이 전혀 없이 시간을 보내니 아파서 입원했는데 오히려 집에 있을 때보다 훨씬 삶의 질이 저하되고 만다.

장기요양사업은 이러한 사회적 입원의 부작용을 감소시키는 데 큰 역할을 한다. 2008년 노인장기요양보험 제도의 도입은 의료 서비스(외래와 입원) 이용자의 의료비 지출을 약 9.4% 감소시킨 것으로 나타났다. 특히 입원의 경우, 재원 일수가 15.6%, 입원비 지출이 9.5% 감소했고, 장기입원(재원 일수 181일 이상) 이용률 역시 1.6% 감소했다. (조윤민, 「노인장기요양보험 도입이 노인환자의 장기요양서비스 및 의료서비스 이용에 미친 영향」, 2020, 서울대학교 대학원)

(3) 노인뿐 아니라 국민 전체의 삶의 질을 향상한다

집안에 치매나 중풍 등의 질환으로 돌봄이 필요한 노인이 생기면 온 가족이 비상 상황에 놓인다. 핵가족화된 우리 사회에서 돌봄의 부담이 배우자는 물론, 자녀와 손자녀들에게까지 연결되는 구조이기 때문이다. 노인의 건강 상태는 본인뿐 아니라, 그 가족 구성원의 사회생활, 경제적 상황 등에까지 직접적인 영향을 미치는 중대한 이슈다.

가족이 노인을 돌보는 문제로 고민하고 갈등할 때, 당사자인 노인은 어떤 기분이 들겠는가? 속상함을 넘어 비참함이 들고, 분란을 만드는 존재가 된 것 같아 자존감이 낮아질 것이다. 정서적 안정감을 상실해 불안, 박탈감, 우울감에 휩싸이기 쉽다.

장기요양사업은 노인이 집안의 '걱정거리', '갈등의 원인'으로 전락하지 않게 한다. 노인에게 신체활동과 가사 지원 등을 제공해서 노후의 심신 건강 및 생활 안정을 도모하고, 그 가족의 부담을 덜어주어 국민 전체의 삶의 질을 향상한다.

(4) 노인이 아름다운 생을 살도록 돕는다

건강하고 행복한 노인은 여생餘生이 아니라 아름다운 인생, 즉 '려생麗生'을 산다고 한다.

장기요양사업은 돌봄이 필요한 노인에게 적절한 돌봄을 제공함으로써 그들이 '려생'을 살 수 있도록 돕는다. 특히 노화, 건강 쇠약이나 질병, 영양부족 등으로 인한 병고病苦를 경감하고, 소통의 부재, 소외감과 외로움으로 인한 고독고孤獨苦를 달랜다. 사회보험 중에서도 만족도가 가장 높아 '효자보험'이라고 불리는 까닭이다.

(5) 일자리 창출 효과가 있다

요양보호사는 현재 중장년 여성들이 가장 선호하는 일자리다. 대부분 자격증을 취득하고 바로 일할 수 있으며, 최저시급보다 훨씬 많은 급여를 받고 퇴직금도 있기 때문이다. 어르신과 1:1로 상대하며 현장에서 자기 능동성을 가지고 일할 수 있다. 함께 두런두런 이야기만 나누어도 근로가 되고, 정년까지 없어서 원하는 만큼 오래 할 수 있다.

장기요양기관은 일자리가 필요한 요양보호사와 돌봄이 필요한 수급자를 연결해주는 가교로서 중장년 일자리 창출에 기여한다.

장기요양사업의 사회적 가치

· '내 집에서 늙어가기'를 가능하게 한다.
· 사회적 입원의 부작용을 줄인다.
· 노인뿐 아니라 국민 전체의 삶의 질을 향상한다.
· 노인이 아름다운 생을 살도록 돕는다.
· 일자리 창출 효과가 있다.

제5장

장기요양사업을 꿈꾸는 분들에게

제4장에서 장기요양사업에 어떠한 특징과 장
점이 있는지 이야기하고 추천의 근거로 삼았
다. 왜 장기요양사업을 지금 가장 시의적절
하고, 가장 현명한 선택이라 말하는지 충분
히 이해했으리라 믿는다. 이 장에는 장기요
양사업을 시작하기로 마음먹은 분들에게 드
리는 당부를 담았다. 노인장기요양보험 제도
의 시작부터 함께한 내가 그동안 깨달은 바
를 정성 들여 갈무리하였으니 도움이 되었으
면 한다.

이런 사람이
장기요양사업을 해야 한다

베이비붐 세대의 인생 후반기 사업

6·25전쟁 직후인 1955~1974년 출생자를 베이비붐 세대라고 한다. 이들은 우리나라 고도 경제 성장기의 주역으로 각자의 전문분야에서 활약하며 사회에 이바지했다. 그들 중 1955~1963년에 출생한 1차 베이비붐 세대 640여만 명은 이미 노인의 길에 접어들었고, 1964~1974년에 출생한 2차 베이비붐 세대 880여만 명은 사회경제 활동의 중심축에서 점차 멀어지고 있다.

현재 중장년층에 해당하는 2차 베이비붐 세대는 자의 혹은 타의로 하던 일을 그만두는 경우가 많다. 아직 살아갈 날이 많이 남았으니 뭔가 새로운 일을 찾기는 찾아야 하는데 쉽지 않다. 그동안 몸담았던 분야를 떠나 새로운 분야에 뛰어들기가 두렵고, 이 나이에 낯선 곳에서, 낯선 일로 경쟁하면서 살 수 있을지 의문스럽다.

나이가 들어서 재취업을 시도하면 인간적 상실감과 소외감을 맛본다. 그렇다면 창업을 해보려 하는데 괜히 섣불리 했다가 상황이 더 악화할까 봐 선뜻 도전하기가 쉽지 않다. 그래서 청년층과 달리, 중장년층이 창업 시 가장 바라는 점은 바로 안정성이다. 퇴직한 중장년층에게 장기요양사업만큼 안정된 사업은 없다.

누구나 할 수 있다

장기요양사업에 관심이 가지만, 선뜻 나서기를 주저하는 사람이 많다. 한 번도 해본 적 없는 일인데 잘할 수 있을지, 새로운 업무를 젊었을 때처럼 빨리 배워 익힐 수 있을지 걱정스럽기 때문이다.

내가 직접 해보니 장기요양사업은 다른 사업과 분명히 달랐다. 간단히 말해서 특별히 배우고 익힐 것이 없는 사업이다. 노인장기요양보험 제도로 시행되는 사업이고, 모든 업무는 규정에 따르기만 하면 된다. 법적 기준을 찾아 읽고 그대로 실행하는 것만으로 이루어지는 사업이다.

특히 노인장기요양보험법과 노인복지법 시행규칙은 노인 돌봄의 질서와 기준을 제시하는 중요한 법령이다. 일종의 지침서로 삼아서 열심히 읽고 그에 맞추어가면 된다.

기관장이 되는 데 단 하나 조건이 있다면 사회복지사 자격증이 있어야 한다. 사회복지사 자격증은 장기요양사업을 하기 위한 일종의 면허증에 해당한다. 다행히 사이버 대학 등을 통하면 생업에 지장 없이 취득할 수 있으며, 취득하는 과정도 그다지 어렵지 않다. 현재 우리나라가 복지국가로 나아가는 과정 중에 있어 사회복지사 수요가 크기 때문에 아직은 쉽게 취득할 수 있다. 현재 재직자나 퇴직자 모두 과거에 활동하면서 다양한 교육과 시험을 거쳐온 사람들이니, 이 정도 수준의 자격증 공부는 힘들지 않을 것이다.

만약 사회복지사 자격증이 없이도 사업을 하고자 한다면 법인(일반 개인법인)을 만들어 사회복지사를 채용하여 인가를 받고 운영하면 된다.

특히 추천하는 분들

언급했듯이 다른 분야에 비해 장기요양사업은 사업자의 취향이나 경력 등을 많이 타지는 않으나 '더 적합한' 사람은 있다.

우선 국가기관이나 공공단체에서 일한 공무직 출신, 어느 정도 규모 이상의 중견기업 출신, 소상공업체 운영 경력이 있는 사람이라면 사회복지사 자격증 취득부터 관련 업무까지 아무래도 더 쉽게 이해할 수 있다. 이런 분들은 분야와 관계없이 과거에 사무를 보았던 경험이 있어 전체적인 업무 프로세스를 파악하는 눈을 갖추고 있어, 구·군청의 행정 기준과 국민건강보험공단에서 제시하는 업무 규정을 이해하고 실행하기에 큰 어려움이 없을 것이다. 특히 공무원 경력이 있다면 장기요양기관의 업무 정도는 업무 축에도 안 들어갈 정도니 문제없이 하리라 확신한다.

나는 건설업계 상장기업에서 20년 이상 총무과장, 현장소장을 거치면서 업무를 경험하고 익혔다. 건설과 요양은 연관성을 찾으려야 찾을 수 없는 분야지만, 직장생활하면서 직·간접적으로 배우고 익힌 일반 업무적 경험이 바탕되어 큰 어려움 없이 실무를 파악하고 장기요양사업을 꾸려올 수 있었다.

그리고 사회복지사가 되어 요양보호사 자격증을 취득하면 아무래도 어르신과 요양보호사 양쪽의 고충과 사정을 이해하는 데 도움이 된다. 사회복지사는 현재 총 240시간(2022년 신규자 교육 기준)인 교육*을 50시간만 받으면 되고 국비로도 가능하므로 취득하기를 권한다.

---

* 요양보호사 신규자 교육은 2023년부터 기존 240시간에서 320시간으로 늘어날 예정이다.

실패의
이유

안정적이고, 운영이 어렵지 않고, 리스크가 없고, 정년 없고, '갑 같은 을'로 사업할 수 있고……, 이토록 강력한 장점들이 있음에도 불구하고, 장기요양사업에서 실패했다면 이유는 단 하나일 것이다. 바로 오로지 돈만 보고 뛰어들었기 때문이다.

돈만 보면 아무것도 보이지 않는다

언젠가 같은 지역 방문요양센터 센터장님께서 사회복지사 한 분을 모시고 왔다. 방문요양센터를 열고 싶은데 지역에서 오랫동안 장기요양기관을 운영해온 내게 조언을 구하고 싶다고 했다. 나야 워낙 창업을 고민하는 분들에게 조언을 드리는 일을 즐거움으로 삼아온 사람이라 기분 좋게 만났다. 그런데 몇 마디 이야기를 나눠보니 묻는 내용이 전부 매출과 수익에 관한 것뿐이었다.

"수급자는 몇 명을 모아야 돈이 좀 되겠습니까?"
"글쎄요, 정해진 인건비랑 운영비 쓰고 남는 돈으로 센터장 급여를 하시면 됩니다."
"그럼, 한 서른 명 하면 얼마나 남습니까?"
"……, 저도 잘 모르겠습니다."

다음 날, 소개한 센터장님께 "그분은 센터를 열어도 좀 어렵겠습니다"라고 말씀드렸다. 실제로 그 사회복지사는 센터를 시작한 지 얼마 되지도 않아서 현지조사를 받고 환수와 영업정지 등 큰 곤란을 겪었다. 이용자 확보에만 눈이 멀어서 본인 부담금을 받지 않는 등의 불법행위를 했기 때문이라고 들었다.

이 사업은 들어오고 나가는 돈이 정해져 있어서 누가 더 많이 가져가고, 적게 가져가고 할 것이 없다. 국민건강보험공단에서 요양수가를 받으면 정확한 비율로 나가야 할 돈이 나가고, 남는 돈에서 내 급여를 가져가는 식이다. 나라가 시킨 심부름을 하면서 노인의 편안한 삶을 도우려는 마음이 먼저가 아니라, 어떻게든 한 푼이라도 심부름 삯을 더 받겠다는 마음을 내세운다면 절대 잘될 수가 없다.

장기요양사업은 단순히 매출만 늘리면 되는 사업이 아니다. 돈이 되니까, 전망이 좋다니까……, 이런 생각으로 시작해서 어떻게든 짧은 시간 안에 매출을 올리려고 급급한 사람들이 종종 있다. 그렇게 해서 돈이라도 잘 벌리면 그나마 다행일 텐데, 가만히 보면 그렇지도 않다. 보통 그런 사람은 돈에 정신이 팔려 현장을 모르고 요양과 복지에 대한 기본적인 이해가 없기 때문이다.

돈을 추구하는 사람은 고독과 고통이 따르고, 가치를 추구하는 사람은 보람과 만족으로 인생을 채워나갈 수 있다. 장기요양사업이 바로 그런 사업이다.

꾸준함과 끈기로 쌓아 올려야 한다

사업이니까 각자 기대하는 바가 있겠지만, 그래도 이 일이 어디까지나 '복지사업'이라는 사실을 잊지 말아야 한다. 복지란 원래 짧은 시간에 성과가 보이거나 가시적인 변화가 생겨나는 일이 아니다.

주변 기관장님들 말을 들어보면 이용자가 '겨우 ○○명'이라고 하는 분은 잘 없다. 대부분 '천천히 했더니 벌써 ○○명'이라고 한다. 어느 날 보니 언제 이렇게 되었나 싶게 이용자가 늘어 났다며 웃는다. 모두 욕심부리지 않고, 돈이 아니라 어르신 한 분, 한 분을 모시는 일에 더 중점을 두고 일하는 분들이다.

장기요양사업은 꾸준함과 끈기로 쌓아 올리는 사업이다. 처음에는 작게 시작해 작게 가져가고, 천천히 키워서 궤도에 올려야 한다. 한 몇 달 바짝 하고서 이용자가 생각만큼 늘지 않는다느니, 수익이 기대에 못 미친다느니 하면서 조바심내서는 안 된다. 사업 규모가 커질수록 수익이 커지는 사업이므로 일정 규모가 될 때까지 이 일의 보람과 의미를 새기며 버티는 시간이 필요하다.

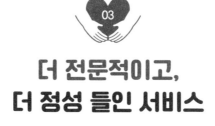

더 전문적이고,
더 정성 들인 서비스

노인장기요양보험 제도가 처음 생겼을 때와 비교하면, 장기
요양에 대한 인식이 정말 많이 바뀌었다. 향상된 인식만큼 장기
요양기관은 더 전문적이고, 더 정성 들인 서비스를 제공할 필요
가 있다. 물론 제도에 갇혀 있는 사업이라 한계가 있을 수 있다.
그러나 그럴수록 국민의 인식, 기관의 실천, 나라의 제도가 서
로 자극을 주며 발전해야 한다는 생각이다.

요양시설에 대한 인식 변화

제도 초기에는 어르신을 요양시설에 모셨다고 하면 '늙은 부
모를 버린다'라는 잘못된 인식이 있어서 요양병원으로 모시는

경우가 많았다. 그러면 '버린 것'이 아니라 '치료를 목적으로' 갔다고 생각되기 때문이다. 어머니가 몸이 편찮으셔서 '요양병원에 모셨다'라고 말하는 것과 '요양시설에 모셨다'라고 말하는 것은 느낌이 완전히 달랐다. 어르신도 자녀가 '병원에 갑시다'라고 하면 따라나서면서도 요양시설에 가면 나를 버리는가 싶어 눈물부터 줄줄 흘렸다.

지금은 다르다. 요양병원은 수용시설이지만, 요양원은 생활·활동 시설이라는 사실이 많이 알려져 인식이 크게 바뀌었다. 요양병원은 한 병실에 6명 이상 계시면서 종일 침대 위에만 있다. 전부 같은 주사를 맞았는지 어르신들은 똑같은 표정으로 무기력하게 입을 꾹 다물고 있다. 반대로 요양시설은 시설이 아무리 안 좋아도 4명 이상 같이 계시는 곳이 없다. 원내를 자유롭게 다닐 수 있으며, 운동할 수 있는 분은 운동하고, 다 같이 모여 놀이 프로그램도 한다. 이런 차이가 널리 알려지면서 지금 요양원 등의 시설은 정원이 다 차서 자리가 나기를 기다려야 할 정도다.

요양보호사에 대한 인식 변화

처음 요양보호사라는 직업이 생겼을 때는 따로 시험이 없고,

교육만 받으면 자격증이 나왔다. 교육마저 제대로 안 받아도 교육원에서 얼렁뚱땅 출석으로 처리해 주기까지 했다. 이렇다 보니 요양보호사 자신도 전문성을 인식하지 못해서 어르신 댁에 가면 가사도우미와 별반 다를 게 없이 집안일을 해주고 오기도 했다. 사회적으로도 방문요양이 가정 내에서 여성이 하던 일과 유사하다고 여겨 요양보호사를 직업이라고 인정하지 않는 경우가 많았다. 전문직 종사자라 생각하지 않으니 당연히 처우도 열악했다.

지금은 완전히 달라졌다. 우선 시험제로 바뀌면서 요양보호사 스스로 전문성을 인식하게 되었다. 하는 일과 하지 않는 일을 구분하고, 출퇴근의 경계를 명확히 하며, 당당한 직업인으로 대우받고자 한다. 사회적으로도 제대로 된 교육을 통해 전문성을 갖춘 직업인이라는 인식이 높아져 중장년 여성의 전문직으로 알려져 있다.

알다시피 노인을 돌보는 일은 사람이 직접 해야지, 기계가 할 수 없다. 장기요양사업은 서비스 제공이 곧 상품이므로 '사람이라는 자원'이 매우 중요하다. 잘 되는 기관을 보면 요양보호사와 기관이 한마음 한뜻으로 움직인다. 기관장은 요양보호사를 높여 대우하고, 요양보호사는 기관에 대한 소속감과 애사심이 있다.

현장 요양을 담당하는 요양보호사는 기관의 중요한 자산이다. 기관은 요양보호사의 현장 요양을 지원하며 그들의 노고를 인정하고 존중함으로써 스스로 자부심을 느낄 수 있도록 해야한다. 기관장이 아무리 사무실에 앉아 머리를 굴려도 현장 요양이 엉망이면 그 기관이 잘 될 리 없다.

더 전문적으로, 더 정성스럽게

이렇듯 장기요양에 관한 인식은 꾸준히 향상해 왔다. 알다시피 고객의 인식과 기대가 올라가면, 그에 걸맞은 서비스를 제공해야 하는 법이다. 물론 현실적으로 나라 사업을 하면서 대단히 수준 높은 고급화 전략을 쓰기는 어렵다. 기관이 해드리고 싶어도 제도에 묶여 있고, 요양수가는 정해져 있으니 한계가 있다. 하지만 어르신들은 대단한 걸 바라지 않으신다. 겉으로 보이는 고급스러운 서비스가 아니라 정성 어린 손끝, 따뜻한 말 한마디, 밝은 미소 하나면 하루 컨디션이 달라지는 분들이다. 요양보호사와 사회복지사를 비롯해 기관 전체가 어르신의 더 나은 건강과 더 쾌적한 생활을 위해 최선을 다해야 한다.

장기요양사업의
브랜딩 전략

브랜딩이란 무엇인가?

　브랜딩이란 말 그대로 하나의 브랜드를 만드는 과정이다. 브랜드에 가치를 담고 경쟁력을 키우는 과정부터 향후의 영업 전략과 방향, 기획 등을 모두 포함한다. 전문가들에 따르면 정통성, 진정성, 일관성을 담은 브랜드에 더 눈길이 가고 마음으로 기억할 수 있다고 한다. 잘 브랜딩한 사업은 해당 조직, 상품, 서비스를 신뢰하고 기대할 수 있게 하는 중요한 요소다.

　내가 학교에 다닐 때는 전교생이 똑같은 머리 모양에 똑같은 교복을 입었다. 그래도 소매나 바짓단, 가방을 메고 신발을 신은 모양새 등에 변화를 주어 튀는 아이들이 꼭 있었다. 이런 아이들은 천편일률적인 모습의 무리 속에서도 눈에 띄었으며, 고유한 개성이 곧 별명이 되어 불리기도 했다. 생각해보면 이런 것도 전부 일종의 퍼스널 브랜딩이었다. 개성을 드러내어 무리 속에서 돋보이고, 타인이 자신을 더 잘 기억하게 만드는 것이다.

장기요양사업도 브랜딩이 필요할까?

요즘은 사업이 곧 브랜딩이고, 브랜딩이 곧 사업이라고 한다. 그만큼 브랜딩이 중요한 시대인 것이다. 그렇다면 장기요양사업에도 브랜딩이 필요할까?

장기요양사업에 브랜딩 전략이라니, 전혀 어울리지 않는 느낌이다. 이 사업은 전달자 사업으로 나라의 인허가를 받아야 할 수 있고, 운영 구조, 업무 프로세스, 직원 배치 등이 모두 규정을 따라야 한다. 엄격한 제도와 규정으로 전국 어디나 '일률적이고 획일화한' 것이 특징인 사업인데 어떻게 기관마다 특색을 내세운 브랜딩을 한다는 말인가?

실마리는 오히려 장기요양사업이 일률적이고 획일화됐다는 점에서 찾을 수 있다. 이용자는 어떤 기관에서 어떤 서비스를 받든 전부 비슷하다고 느낄 것이다. 그렇다면 선택할 수 있는 기관 두세 곳의 비용, 서비스 품질, 시설, 교통, 평판까지 모두 완벽하게 동일할 때, 이용자가 기관을 선택하는 기준은 무엇일까? 없다! 그냥 왠지 끌리는 곳을 고르는 거다. 그 '끌림'을 만드는 것이 바로 브랜딩이다.

장기요양기관의 브랜딩

물론 장기요양사업의 브랜딩은 반드시 제도와 규정의 테두리 안에서 이루어져야 한다. 내 기관만 좀 튀어보겠다고 직원이나 시설 배치 등을 마음대로 해서는 안 된다. 다시 한번 말하지만, 이 사업에서는 규정 밖의 배려나 융통성이 있을 거라고 기대하면 안 된다. 교복 단추 하나를 풀거나 바짓단을 멋들어지게 접을 수는 있어도 교복 아닌 다른 옷을 입고 등교할 수는 없다.

뭐 대단한 걸 할 필요는 없다. 어차피 움직일 수 있는 폭도 작으니 간단히 기관의 특색을 살릴 수 있는 부분을 찾아보자. 워낙 기관들이 대동소이하므로 작은 변화로도 효과가 꽤 있다.

우선 기관명을 기억하기 쉽게 만들거나, 기관 외부와 간판을 눈에 잘 띄고 전체적으로 통일감이 느껴지게 만들면 좋다. 지금 당장 이용하지 않아도, 오가면서 기억에 남아 집안에 돌봄이 필요한 어르신이 생기면 바로 생각나 달려올 수 있게 하는 것이다. 또 고유의 로고를 만들어 기관명과 함께 쓰면 사람들이 보는 순간, '아, 여기 그 센터다!'라는 생각이 들게 할 수 있다. 로고가 어려우면 기관명이라도 형태, 폰트, 컬러 등을 통일해서 꾸준히 써보자.

방문요양센터는 요양보호사의 앞치마나 장갑 등 비품에 기관명과 로고를 새겨 통일감과 소속감을 드러내고 깔끔한 이미지를 줄 수 있다. 방문 사회복지사가 어르신 댁을 방문할 때, 선물로 들고 가는 음료수나 생필품도 그냥 드리기보다는 기관명과 로고가 함께 들어간 스티커를 붙여도 좋겠다.

주간보호센터는 실내 인테리어나 유니폼에 특징을 담을 수 있다. 유치원에서는 부엉이 원장님, 하마 선생님처럼 아이들에게 친근한 동물 캐릭터로 부르게 해서 즐겁게 한다. 마찬가지로 요양보호사나 선생님에게 어르신들이 친근함을 느낄 만한 캐릭터를 부여하는 것도 좋은 방법이다.

별것 아닌 것 같아도 이런 작은 차이가 기관을 달라 보이게 한다. 더 전문적이고 체계적으로 잘 관리되며, 어르신을 위해 고민하고 연구하는 곳으로 느껴지게 한다.

신규 기관이나 소규모 기관이 이런 작업까지 할 여유가 있을까 싶을 수도 있다. 하지만 사실 한 지역에서 오래 장기요양을 해온 기관은 지나온 시간 속에서 어느 정도 브랜딩이 된 상태다. 기존 이용자와 보호자의 평판, 입소문이 자연스레 브랜딩을 진행 중이기도 하다. 이런 곳은 자리를 잡았기 때문에 브랜딩이

급하지 않다.

오히려 신생 기관일수록, 소규모 기관일수록 더 브랜딩에 신경 써야 한다. 모든 조건과 환경이 똑같은 상황에서 '왠지 모르게 끌리는 곳'이 되어야 하기 때문이다.

조보필의 브랜딩 전략

지금 나의 이름인 조보필은 사실 개명한 것이다. 원래 이름이 마음에 들지 않던 차에 나의 첫 사업으로 얻은 상호이자 '윗사람을 돕는다'라는 의미가 담긴 '보필輔弼'로 했다. 발음도 쉽고 정감 있어 어르신들이 기억하기에 좋은 이름이다. 무엇보다 나의 사업, 가치관, 추구하는 바가 모두 이름 두 글자에 담겨 있어 무척 마음에 든다.

모든 사업장은 기관명과 함께 영문 레터링 'bofeel'과 한글 '보필'로 만든 도장 이미지의 로고를 쓰고 있다. 센터 차량에도 '보필' 로고가 눈에 잘 띄게 붙여져 있다. 우리를 아는 사람은 어디에서 봐도 알아볼 수 있고, 모르는 사람도 몇 번 보면 저기는 어떤 곳인지 궁금해진다.

내가 업무적으로나 개인적으로 쓰는 메일 역시 '보필이'라는 이름으로 발송되며, 불릴 때도 '보필 대표님'으로 친근하게 불린다.

사업장들이 각각 흩어져 있어도, '보필'이라는 로고를 붙이니 전체적으로 통일감을 준다. 여기서 봤던 로고가 저기에도 있으면 '아, 같은 곳이구나, 꽤 전문적으로 하는 곳인가 보네' 싶은 생각이 들고, 그렇게 눈에 익어서 집안에 노인 돌봄 문제가 생기면 먼저 떠오르는 곳이 되리라 생각한다. '장기요양 토털케어'를 추구하는 나의 이상과도 잘 맞아떨어지는 브랜딩 전략이다.

자율성으로
더 효율적인 기관을 만든다

참여 의지와 소신

장기요양기관에서 일하는 사람들은 대부분 사회복지사 아니면 요양보호사로 장기요양요원 혹은 돌봄 종사자로 불린다. 나역시 사회복지사이자 요양보호사다. 사회복지를 직업으로 선택한 사람들은 아무래도 공감을 더 잘하고 사람을 대하는 부드러운 태도가 몸에 배어 있다. 자신이 하는 일이 타인에게 긍정적인효과를 미친다는 사실에 즐거움과 보람을 느끼는 사람들이다.

직원을 채용할 때는 경력 여부나 전문지식의 깊이를 크게 중요하게 생각하지 않는 편이다. 나도 경력 하나 없이 시작했고, 실제로 해보니 업무에 대단한 전문지식이 크게 필요하지 않음을 알았기 때문이다. 대신 장기요양에 대한 참여 의지와 소신을 본다. 장기요양에 대해 어떤 생각을 가지고 있는지, 이 일에서 어떠한 꿈과 이상을 실현하고 싶은지 듣는다. 참여 의지가 있고 소신이 확고한 사람은 채용하면 따로 가르치지 않아도 스스로 열심히 묻고 배워서 몇 달 안에 경력자 못지않은 능력을 발휘한다.

자율성의 힘

직장생활을 할 때도 나는 자율성을 잃지 않고 일하는 편이었다. 주변에서 나중에 어떻게 될지 알고 그렇게 앞장서서 일을 추진하느냐는 말들이 쏟아졌지만, 그럴 때마다 "꼭 필요한 일이니까 한다, 내 퇴직금 한도 내에서는 할 수 있는 거 아니냐!"라고 받아쳤다. 만약 잘못되면 받을 퇴직금을 내어주고 나가면 된다는 생각으로 하니까 오히려 더 책임감이 커져서 열심히 했다. 걱정을 듣기는 했지만, 스스로 자율성을 찾고 지킨 덕분에 조직에서 나이에 비해 일찍 자리를 잡을 수 있었다고 믿는다.

내가 자율성을 가지고 일하면서 그 힘을 실감했기에 우리 직원들에게도 업무에 대한 자율성을 주고자 한다. 대표가 뭐든지 혼자 결정하고 통보 혹은 지시하거나, 모든 일은 반드시 자기 손을 거쳐야만 한다고 생각한다면 서로 피곤할 뿐이다. 아무리 참여 의지가 뛰어나고 소신이 있는 직원이라도 조직 속에 갇혀 자율성을 잃으면 능력을 오롯이 발휘하기가 어렵다. 같은 업무를 해도 자율성이 부족하면 재미도 없고 책임감도 느낄 수 없다.

대표로서 내가 할 일은 직원들이 자율성을 가지고 일할 수 있는 환경을 만드는 것이다. 조직에 취약한 부분이 생기거나 업무가 제대로 진행되지 않으면 직원들이 자신감을 잃고 의욕이 저하되므로 업무를 원활하게 수행할 수 있도록 늘 지원해야 한다.

보필 인재상
· 일에 몰입하는 열정을 가진 사람 (Commitment & Passion)
· 끊임없이 학습하는 사람 (Continuing Learning)
· 매사에 CEO 마인드로 임하는 사람 (CEO Mind)
· 변화와 창조를 즐기는 사람 (Change & Creation)

자율적으로 일하는 직원들

내가 운영하는 복지용구 소독업체 클린케어에 벌써 12~13년째 일하는 직원이 한 분 계신다. 올해 84세로 처음 우리 매장에서 일을 시작하셨을 때 이미 70이 넘은 연세셨다. 당시에 나를 찾아오셔서 건강보험 직장 가입자만 되게 해주면 급여는 안 받아도 좋다고 간곡하게 말씀하셨다. 무임금은 안 될 말이니 정당한 급여로 정식 채용해서 클린케어에서 일하시도록 했는데 그때부터 지금까지 얼마나 열심히 일하시는지 모른다. 처음부터 워낙 열정이 뛰어나고 참여 의지가 대단하시기에 잘하시겠지 믿고 맡겼다. 재량껏 알아서 하시라 했더니 작은 매장에서 혼자 복지용구 소독과 관리, 배송까지 알아서 척척 해내신다. 그분이나 나나 서로 좋은 일이다. 그분은 그 나이에도 월급 받아가며 안정되게 일할 수 있어 감사하고, 나는 따로 신경을 쓰지 않아도 매장이 원활하게 운영되니 감사하다.

요양보호사 교육원에도 운영을 책임지는 원장님이 따로 계신다. 가끔 어떤 아이디어나 기획을 들고 오셔서 내 의견을 묻는데 그때마다 나는 원장님이 좋다고 생각하는 쪽으로 마음껏 하시고, 결정되면 어떻게 하기로 했는지 말씀만 해달라고 한다. 실제로 해당 업무에 관해서 나보다 더 전문적으로 잘 알고 계시는 분인데 내가 대표라는 이유로 일일이 보고받고 승인할 필요가 없다고 생각하기 때문이다. 요양보호사 교육원 역시 원장님 이하 직원들이 열심히 해주어서 문제없이 잘 되고 있다.

뭐든 자기 손안에 다 쥐고 직접 하려고 하지 말자. 직원들은 모두 나름의 경험과 노하우가 있으며 믿고 맡기면 알아서 잘할 수 있는 사람들이다. 자율성을 주고 스스로 할 수 있도록 역량을 키워주면 모두 제 역할을 충분히 해내고도 남는다.

임파워먼트가
곧 리더십이다

장기요양사업체의 대표로서 나는 조직이 더 안정되어 일이 순조롭게 진행되려면, 직원들을 신뢰하여 자율성을 준 만큼 믿고 맡겨야 한다고 생각해왔다. 그간의 경험을 통해 스스로 깨우치고 고수하는 나름의 방침인데 시간이 흐를수록, 그리고 공부할수록 역시 내 생각이 틀리지 않았구나 싶다.

임파워먼트 리더십

경영 서적을 읽기나 저명한 경영학자들의 강연을 보면 임파워먼트Empowerment에 관한 이야기가 빠지지 않고 등장한다. 임파워먼트란 구성원에게 업무 재량을 위임함으로써 의욕증진과

성과 달성을 유도하고, 자주적이며 주체적인 조직을 만들기 위한 '권한 부여'를 의미하는 말이다. 실무자들의 업무수행 능력을 높이고 책임 범위를 확대함으로써 그들의 능력 및 창의력을 최대한 발휘하도록 하는 방법이다.

임파워먼트가 이루어지지 않는 조직의 구성원은 잠재된 재주와 능력을 발휘하지 못한다. 자기 재주와 능력을 발휘하지 않았으니 일을 해도 책임감이나 성취감을 느낄 수 없고, 업무를 수행하는 기계적 하수인으로 전락한다. 이런 조직이 잘될 리가 만무하다.

직원들이 잘 따라주지 않아서 속상하다는 분들에게는 '쥐고만 있지 말고 조금 놓아보기'를 추천한다. 직원들을 믿고 놓아보자. 먼저 믿고 맡기면 직원들도 그 믿음을 느낀다. 재량과 권한을 부여받은 직원들은 그것이 곧 자신의 능력, 자존심과 직결된다고 여기고 자기효능감을 높여 직무를 훌륭히 완수할 것이다. 자기가 하는 일은 곧 자신의 책임으로 귀결되고, 업무의 결과는 곧 자신의 얼굴이 되니 열심히 하지 않을 수 없다. 직원들이 자기 결정권을 느끼고 스스로 직무를 관리할 수 있게 할 때, 조직의 효율의 크게 상승한다.

특히 사회복지에서 임파워먼트는 대단히 중요하다. 알다시피 복지란 필요한 곳에 즉각적이고 직접적으로 제공되어야 가장 효과가 크다. 임파워먼트를 통해 재량과 권한을 부여받은 직원들은 현장에서 직접 결정을 내려 문제를 신속하고 정확하게 개선하지만, 그렇지 않은 직원은 절대 선뜻 결정을 내리지 못한다. 우리 직원들도 그렇다. 자신이 담당하는 일에 의사결정권이 있고 사명감이 높으므로 어르신과 직접 접촉하면서 욕구를 민감하게 알아차리고 능동적으로 대응한다. 모두 업무 자율성을 가지고 현장에서 훨훨 날며 능력을 발휘하는 사람들이다.

기관장의 일은 배려와 지원이다

2017년 가관평가를 앞둔 시기에 있었던 일이다.

하루는 내가 지난 평가에서 A등급을 받은 센터의 직원들을 모셔왔다. 평가와 관련해서 우리 직원들과 의견을 나누고 교류하면 아무래도 유익하지 않겠나 싶어 그곳 센터장님께 부탁한 일이었다. 그런데 내 생각과 달리 우리 직원들의 태도가 뜨뜻미지근하고 좀 소홀해 보였다. 그 모습을 보자니 마음도 급하고 면도 서지 않아 불끈 화가 나서는 나도 모르게 큰소리를 치며 성을 냈다.

그리고 나서 며칠 후에 평가는 잘 마무리했는데, 내 책상에 사직서가 하나씩 올라오기 시작했다. 보름이 지나니 사직서가 4장이나 쌓였다. 이게 무슨 일인가 싶어 사직서를 낸 직원들을 불러 이유를 물었다.

"저희는 여기 동래데이케어의 주인이라고 생각하고 진짜 열심히 일했습니다. 그런데 그날 대표님이 저희를 믿지 못하시고 화내어 고함치시니까, 그제야 '아, 그래 내가 진짜로 여기 주인은 아니지……'라는 생각이 들었습니다. 한번 이런 기분이 드니더 이상 예전과 같은 마음으로 일하기가 어렵습니다."

뒤통수를 맞은 느낌이었다. 내 나름으로는 좋겠다 싶어 한 일이지만, 결과적으로는 알아서 잘하고 있는 직원들을 오히려 방해한 것과 다름이 없었다. 괜히 개입해서 간섭하는 바람에 열심히 일하는 직원들을 흔들고 힘이 빠지게 만든 꼴이었다. 너무나 미안한 마음이 들어 진심을 담아 사과하고 또 사과한 끝에 그들의 마음을 풀 수 있었다.

기관장이나 직원이나 우리는 모두 나라 심부름을 하는 사람들이다. 어떤 부분은 기관장이 더 요령이 있을 수도 있지만, 다같이 심부름을 하는 처지에 무조건 내가 하는 대로 따라 하라고할 수는 없다.

기관장은 자신의 포지션을 관리자 혹은 통제자로 두어서는 안 된다. 관리와 통제는 돈을 주는 사람이 하는 일이다. 돈을 주는 곳은 기관장이 아니라 국민건강보험공단, 즉 나라이다. 직원들은 기관장이 아니라 나라에서 돈을 받으므로 기관장이 나설 필요가 없는 것이다. 기관장은 그저 일할 수 있도록 배려하고 지원하기만 하면 된다.

사업에
영혼을 담아라

내 사업은 내 손으로

장기요양사업이 인생 후반기 창업 아이템으로 주목받으면서 장기요양기관 창업을 전문적으로 돕는 컨설팅 업체도 많이 생겼다. 솔직히 말해자면 도무지 이해하기 어렵다. 내 사업을 하는데 왜 타인을 개입시키는가? 내 영혼을 담아서 해야 할 사업을 준비하면서 자기 손으로 외부인을 끌어들이다니, 시작부터 잘못 채워진 단추다. 준비과정이 어렵고 까다로워서 전문 인력의 도움을 받는다지만, 내가 볼 때는 그저 너무 쉽게 가려는 핑계로 보일 뿐이다.

스스로 직접 부딪혀서 하나하나 문제를 해결하며 제 손으로

탄생시킨 사업장과 컨설팅 업체에 맡겨서 뚝딱 만들어낸 사업장은 하늘과 땅 차이다. 전자는 너무나 귀하고 애착이 가며 반드시 잘 다듬어서 성장시키려는 마음이 절로 생겨난다. 후자는 말이 좋아 컨설팅이지 그냥 남의 것을 베끼는 것에 불과하다. 절대 완벽하게 내 것일 수 없어서 무슨 일만 생기면 또 남의 손을 빌려야 한다. 자기 손으로 시작한 사람은 이후에 사업을 확장할 때도 스스로 할 수 있지만, 컨설팅을 받아 한 사람은 절대 혼자 할 수 없다.

내용보다는 요건이다

장기요양기관 지정(인허가)을 받으려면 관할 지자체에 지정 신청을 해야 한다. 이때 대부분 사람이 가장 난감해하는 부분이 바로 사업계획서와 운영규정 등이다. 어떻게 써야 할지도 모르겠고, 혹시 내용이 미흡해서 지정받지 못할까 봐 걱정이다.

결론부터 말하자면, 서류 준비에 지레 겁먹거나 지칠 필요가 없다. 공단과 구청에서 원하는 것은 오직 단 하나, '요건에 맞는 서류 일체'다. 심사는 내용이 얼마나 알찬지 일일이 따지는 것이 아니다. 그보다 신청서류에 근거해서 요건, 즉 노인복지법에 따른 시설 및 인력 기준 등을 전부 갖추었는지를 본다. 요건에 맞는 서류를 전부 제출했는지, 허위 서류는 아닌지, 신청자 본인의 것이 맞는지만 확인한다.

　서류 양식이나 사본은 조금만 발품을 팔고 찾아보면 구할 수 있다. 그동안 나를 찾아와 조언을 구하면서 사업에 열의를 보이는 분들에게는 그냥 내어드렸다. 그러면 어떤 분들은 깜짝 놀라며 이런 걸 그냥 받아도 되냐고 하시는데 대단한 일은 아니다. 어디에나 있는데 그저 내가 드렸을 뿐이다.

> **서류 작성 주요 항목**
> · 사업계획서: 시설개요, 시설 조직도, 종사자 현황, 업무 분장, 사업 대상, 사업 진행 과정(이용자 및 수익 확보 과정), 단기 경영 계획(6개월~1년) 등
> · 운영규정: 입소정원 및 모집 방법 등에 관한 사항, 입소 계약에 관한 사항, 이용료 및 비용의 변경 방법 및 절차 등

묻고 또 묻는다

"이렇게 하면 맞습니까?"
"이 정도면 괜찮겠습니까?"
"수정할 부분이 있습니까?"

　나도 처음 복지용구 사업소를 열 때, 수없이 좌충우돌했다. 소개를 받아서 먼저 시작한 사업소 대표님을 찾아가 말씀을 들

었으며, 거기서 제출 서류의 사본을 얻어 열심히 연구했다. 잘 이해되지 않거나 어떻게 하는 건지 모르겠는 부분은 구청 담당자를 찾아가 물었다. 정말 구청 문지방이 닳도록 들락거리면서 담당자를 괴롭힌다고 해도 할 말이 없을 정도로 묻고 또 물었다. 신청 전에 담당자가 서류를 검토해주는데 부족하다고 하면 보충해서 내고, 고쳐야 한다고 하면 수정했다.

해보니 전체적인 틀은 동일해도 구청마다, 담당자마다 중요하게 보고 강조하는 부분이 살짝 달랐다. 그렇기에 관할 시군구의 담당자를 찾아가 직접 만나보는 것이 중요하다. 너무 인터넷만 찾아보거나 여기저기서 주워들은 이야기만으로 하지 말고, 대면해서 묻는 편이 훨씬 도움이 된다. 담당자를 내 창업의 안내자로 삼아서 열심히 묻고 답을 구해야 한다.

내 영혼을 담은 사업

사업계획을 세운다면 장기요양기관 지정 신청에 낼 서류 때문이 아니라, 내 사업의 성공을 위해서여야 한다. 우선 자신이 왜 이 일을 하려고 하는지, 어떠한 사명감이 있는지 생각해보자. 이 사업을 통해 이루고자 하는 바를 설정하는 것이다. 그리고 이 생각을 바탕으로 미래에 도달하고픈 목표(예. 평가점수, 이용자 수 등)를 설정하고, 구체적으로 어떻게 하면 이 목표를 달성할 수 있을지 고민해 보아야 한다.

진정한 성공은
타인의 성공을 돕는 것이다

좋은 건 함께해야 한다

학교, 직장, 모임……, 나는 젊었을 때부터 일하는 곳이든 노는 곳이든 늘 리더 자리에 놓이는 사람이었다. 애쓰지 않아도 주변 사람들에 의해서 자연스럽게 자리를 맡다 보니 늘 좋은 결과를 내려고 열심히 움직였다. 작은 거라도 이거는 참 좋겠다, 누군가에게 괜찮겠다 싶으면 일부러 찾아가서라도 꼭 알려주었다. 타고난 천성이 나 혼자 잘되기보다 다 같이 잘되는 편을 훨씬 더 좋아하는 사람이다.

장기요양사업도 내가 해보니까 너무나 좋은 사업이었다. 이 좋은 걸 나 혼자 할 수는 없지 않은가! 더 많은 사람이 이렇게 좋은 사업을 해서 의미와 가치를 찾고 안정적인 수익까지 올렸으면 싶었다. 부지런히 이야기하고 다니면서 누가 살짝 흥미라도 보이면 반가워서는 나중에 일이 어떻게 될지 모르니 우선 사회복지사 자격증부터 취득해 놓으라고 권했다.

장기요양사업 전도사

수년 전부터는 사업이 어느 정도 성장하고 하니 장기요양사업에 관심이 있는 분들이 먼저 만나기를 청했다. 이 사업에 관심 있다고 하니 지인들이 조보필 대표 이야기를 한 모양이었다. 그러면 대부분 마다하지 않고 만났다. 몇 마디 나눠보면 벌써 잘할 분인지 아닌지가 눈에 딱 보인다.

제도의 취지를 잘 이해하고 있으며 이 사업의 의미와 가치를 알아보는 분이라면 내가 더 신이 나서 이것저것 알려드렸다. 이미 하고 있는 내게는 별 것 아니지만, 처음에 갈피조차 못 잡는 분들에게는 큰 도움이 되고 길이 보이는 내용들이다. 이렇게 나의 도움을 시작으로 기관을 열고 성공적으로 운영하는 분들이 벌써 적지 않다.

먼저 찾아오는 분뿐 아니라, 내가 보기에 이 사업에 적합한 분이다 싶으면 먼저 권했다. 전혀 생각도 없는 사람에게 "내가 하는 사업이 참 좋은데, 당신도 잘 맞을 거 같으니까 해보시오"
라고 말하는 식이니 좀 이상하게 보이기도 했을 것이다. 내가
볼 때 하면 참 잘할 사람인데 선뜻 나서지 못하고 주저하면 불
러서 밥까지 사 먹여 가며 도와줄 테니 한번 시작해보라고 했
다. 그렇게 시작한 분들 대부분 벌써 이용자가 70~80명이나
되는 센터를 아주 안정적이고 순조롭게 운영하고 있다.

무엇보다 만족도가 높다. 일반 요양보호사나 직원 사회복지
사로 일할 때와는 수입과 지위, 자긍심이 완전히 달라졌기 때문
이다. 조보필 대표 아니었으면 꿈도 꾸지 못했을 일이라며 너무
나 좋아하신다.

감사를 얻는다

사업에 관해 조언을 구하시는 분을 만나면 구체적인 방식보
다는 이 사업의 전체적인 개요와 이론, 가치와 비전을 이야기하
는 데 더 많은 시간을 할애한다. 그걸 먼저 이해해야 더 잘할 수
있기 때문이다. 이외에 사회복지사 자격증 취득부터 기관 자리
선정, 인허가 과정, 초기 운영 노하우까지 같이 방법을 찾고 고
민한다.

그렇다고 해서 보통의 컨설팅 업체처럼 A부터 Z까지 대행해
주지는 않는다. 길을 일러주고 방법만 알려주는 식이다. 간단하

다. 내가 드릴 수 있는 자료는 다 드릴 테니 가져가서 연구하고, 그래도 모르겠으면 구청이든 군청이든 담당자를 찾아가서 물어보라는 것이다. 한 번만 가지 말고 궁금증이 완전히 해소될 때까지 몇 번이고 찾아가서 집요하게 알아내라 한다. 그래야 자기 것이 되고, 자기만의 노하우가 생기기 때문이다.

돕기로 했으면 확실하게 도와야 한다. 언젠가 기관 오픈을 준비하는 분이 어떤 부분을 궁금해하기에 직원에게 우리 센터 자료를 전부 복사해서 드리라 했다. 그 손님이 가시자 우리 직원들이 난리가 났다.

"아까 그분은 우리 지역에서 센터를 열 생각이시던데……. 그럼 경쟁업체가 되잖아요. 그렇게까지 도와드려도 될까요?"
"아이고, 대표님은 뭘 그렇게 못 도와줘서 안달 난 분처럼 그러세요? 우리 자료를 그렇게 다 줘도 괜찮으세요?"

글쎄, 내 생각은 이렇다.
하겠다고 마음먹은 사람이 설마 나한테만 왔겠는가? 나뿐 아니라 다른 사람에게도 묻고 도움을 구했을 것이다. 내가 진심을 보이면서 감추는 것 없이 알려드리면 그분도 내 마음을 알아본다. '조보필 대표는 정말 자기 일처럼 진심으로 돕는구나!'라고 느낄 것이다.

내가 돕든 돕지 않든 할 사람은 어떻게든 한다. 괜히 무슨 극비사항이라도 되는 듯이 의뭉스럽게 숨기고 배척해봤자 신뢰를 얻지 못하고 원망만 살 뿐이다. 솔직한 이야기를 나누고, 함께 방법을 모색하고, 할 수 있는 한 열심히 도우면 내게 고마워하는 사람이 한 명 더 생기니 얼마나 좋은 일인가!

장기요양사업을 준비하는 분들을 돕는 일은 전적으로 나 개인의 즐거움과 보람이다. 비용이나 사례를 전혀 받지 않는다. 그쪽에서 먼저 말을 꺼내면 잘 되어서 나중에 다른 분들을 돕는 것으로 대신하라고 말씀드린다.

서로 돕는 즐거움만큼
큰 즐거움은 없다

상생과 협력

나는 2008년에 복지용구 사업소 운영을 권하고 도와주신 형님께 늘 감사한 마음을 잊지 않고 있다. 그 형님이 아니었다면 내가 장기요양사업과 만날 수 있었을까? 꼭 필요했던 평생 사업을 만나게 해주신 고마운 은인이시다.

내가 형님께 감사하듯이 오픈을 도와드린 기관장님들도 시작부터 큰 도움을 받았다며 늘 감사의 마음을 전한다. 이제는 모두 같은 기관장으로 동종업계의 동료이자 신뢰로 다져진 상호 협력자다. 새로운 소식이나 정보가 있으면 잊지 않고 알리며, 늘 협조적인 자세로 문제가 있다면 함께 해결하고자 한다.

예를 들어 내가 아무 때고 전화해서 "기관 오픈을 준비하는 분이 있는데, 그쪽 센터 견학 좀 부탁드려도 되겠습니까?"라고 하면, 말이 떨어지기가 무섭게 얼른 오라고 환영한다. 본 적도 없는 사람에게 자신의 사업장을 오픈하다니, 모두 시작할 때 도움을 받은 계기로 나에 대한 신뢰가 높아 가능한 일이다.

한 업계에서 동종의 사업을 한다고 해서 무조건 경쟁하고 갈등할 필요는 없다. 상생과 협력도 충분히 가능하다. 오픈을 도와드린 분들뿐 아니라, 그동안 사업하면서 인연이 닿은 기관장님들과는 특별한 일이 없어도 자주 만나 활발히 교류하고 있다. 모두 서로를 항상 응원하고 힘을 보탠다.

기본적으로 장기요양사업에 대한 자부심과 자긍심이 있는 분들이라 그런지 대화는 늘 모시는 어르신들, 겪은 사례들로 가득 채워진다. 같은 일을 하므로 서로의 고충과 현장의 실상을 이해하는 깊이가 남다르다. 서로 공감도 하고 위로도 하다 보면 시간이 훌쩍 지난다.

마무리는 항상 비슷하다. 이 사업이 진짜 좋다, 봉사하면서 내가 성장할 수 있다, 나이 들고 애들 키우면서 안정적으로 수익을 올리니 참 감사하다 같은 말들이다. 다른 업계는 사업가들이 만나면 힘만 들고 수익은 쥐꼬리만 하다느니, 골치 아픈 일이 한둘이 아니라느니, 이렇게 스트레스를 받느니 다 때려치우고 싶다느니 푸념만 늘어놓는다는데, 우리는 늘 감사한 마음으로 즐거울 따름이다.

감사한 일들

나와 인연이 되어 뜻과 결이 맞는 기관장님들은 같은 사업을 하는 동료인 동시에 감사한 고객이기도 하다.

기관장님들은 어르신이 복지용구가 필요하다고 하면 다른 것 따지지 않고 바로 내가 운영하는 복지용구 사업소로 문의한다. 나로서는 복지용구 사업소에 특별히 신경 쓰거나 따로 관리하지 않아도 매달 큰 매출이 발생해서 감사하고, 기관장님들은 복지용구와 관련해서 믿을 만하고 확실한 곳이 있어 좋다.

요양보호사 교육원에도 많은 도움을 주신다. 각 기관의 요양보호사는 주기적으로 정해진 직무교육을 받아야 하는데 교육이수 여부가 기관의 평가점수에 반영되므로 꼭 해야 할 일이다. 직무교육 시기가 되면 기관장님들이 요양보호사 30~50명씩 보내주시는 덕을 많이 보고 있다.

또 요양보호사 자격증을 딸려고 하는 분들을 수시로 소개해 주시기도 한다.

여기저기서 많이 도와주시는 덕분에 복지용구 사업소와 요양보호사 교육원 모두 매출이 안정적으로 나온다. 기관 오픈을 도와드리면서 비용이나 사례를 받지 않고 마음만 얻겠다 했는데, 따져보면 더 큰 보답을 받는 것이 아닌가 싶다. 참으로 감사한 일이다.

장기요양기관의
윤리경영

참 신기할 정도로 공교로운 일이다. 이 글을 쓰고 있는 지금, 내 사무실 밖에 국민건강보험공단 직원 4명이 나와서 모니터링을 하고 있으니 말이다. 최근 서류를 전부 내어달라고 해서 샅샅이 살펴보는 모양인데 기관장인 나로서는 딱히 나설 필요도 없고, 할 일도 없다. 그저 오늘같이 더운 날, 그들이나 우리 직원들이나 모두 수고가 많겠다 싶을 뿐이다.

엄격한 지도관리

장기요양사업을 하다 보면 공단과 관할 시군구의 관리와 단속이 어찌나 촘촘하고 엄격한지 내가 나랏일을 하고 있음을 잊을 틈이 없다. 나랏돈을 받아서 나라가 시킨 심부름을 하는 인허가 사업이니 기관의 지도관리를 받는 것은 당연한 일이고 회피할 수도 없다.

원래 돈을 준 쪽은 걱정이 많은 법이다. 그래서 돈 받은 쪽을 부지런히 쫓아다니면서 잘못을 지적하고, 뭔가 이상하다 싶으면 이 잡듯이 뒤져서 조사한다. 작은 거라도 뭐 하나 잡으면 한 번만 더 그랬다가는 받은 돈을 다 토해내야 한다고 으름장을 놓기도 한다.

3년에 한 번씩 하는 정기 평가를 비롯해 수시 평가, 모니터링, 지도점검, 현지 조사 등등, 처음에는 어디에서 누가 나와서 뭘 하는 건지, 이거와 저거는 어떻게 다른지, 뭘 준비해야 하는지 파악하기조차 바쁘고 정신없다. 지금 나는 어느새 초연한 상태에 이르렀지만, 처음 당하는 사람은 공단 직원들이 기관의 서류를 전부 들고 가거나 직원을 면담하는 모습을 보면 잘못한 것이 없어도 새파랗게 질리게 마련이다.

지도관리를 대하는 마음가짐

피할 수 없으면 즐기라는 말이 있는데, 솔직히 즐기기까지는 못하더라도 너무 겁먹고 두려워할 필요는 없다. 어차피 안 하고 싶다고 안 할 수 있는 것도 아니니, 나라의 엄격한 지도관리를 '가르침을 얻는 기회'로 삼자! 인식을 전환해서 지도관리를 직원들의 업무 능력과 윤리의식, 기관 전체의 실력을 향상할 수 있는 계기로 보는 것이다. 원래 시험을 봐야 공부가 되는 법이다.

모니터링이나 지도점검을 통해 자기도 미처 깨닫지 못했던 기관 운영의 허점을 찾을 수도 있다. 상응하는 처분을 받기는 하겠지만, 영업정지를 당할 수준의 큰 잘못이 아니라면 문제가 더 커지기 전에 찾은 것을 다행으로 여기고 수정하면 된다.

또 평소에 내부적으로 서류작성 미비나 누락 등을 확인하는 시스템을 갖추고, 직원들이 관련 법령과 규정에 대해 확실히 숙지하게 해야 한다. 법령에 근거한 인허가 사업이므로 단순히 몰랐다는 태도로는 해결되지 않는다. 모든 직원이 자기 업무에 관해서만큼은 공단 직원보다 더 꼼꼼하고 정확하게 알아야 한다.

사실 지도관리를 하는 쪽의 의도도 잘못한 기관을 잡아내서 반드시 처벌하겠다는 것이 아니다. 그보다는 지도관리라는 수단을 통해 기관 운영이 해이해질 가능성을 차단하고, 스스로 단속, 정비, 개선하도록 유도하고자 하는 것이다.

국민건강보험공단이 2017년부터 운영하는 '서비스 모니터링 자가진단시스템'도 장기요양기관이 가산기준 등 규정을 정확히 이해하고 서비스 수준을 자체 점검하라는 의도로 만들어진 것이다. 장기요양 홈페이지, 카카오 알림톡 등 다양한 홍보 매체를 통해 이 시스템의 이용을 독려하고 있으니 활용해보자.

당당하고 떳떳하게!

장기요양사업은 가치와 품격이 있는 사업이다. 경제적 가치와 함께 사회적 가치를 동시에 창출하고, 사업자가 품위를 잃지 않으면서 넉넉한 마음으로 할 수 있는 사업이다. 돈만 보아서는 잘 될 리 없고, 사람을 보면서 버티고 기다리면서 꾸려가는 사업이다.

이런 사업을 선택한 사람이 비윤리적, 비도덕적인 행위를 저지르는 건 상상하기 어렵다. 그런데도 종종 공단의 모니터링 결과, 전국 ○○개 장기요양기관에서 부당청구 등 불법행위가 발각되었다는 기사를 볼 때마다 한숨만 나온다. 장기요양의 가치를 알고 윤리와 도덕을 지키며 센터를 운영하는 분들이 대부분인데 돈만 보고 이 사업에 들어온 사람들 때문에 전부가 매도당하는 것 같아서 속이 상한다.

장기요양사업은 오직 규정에 따라서 반드시 투명하고 공정하며 합리적으로 업무를 수행해야 한다. 물론 사람이 하는 일이니 깜박 잊거나 놓치는 실수가 있을 수 있고, 진짜 실수였어도 적발되면 상응하는 처분을 받는다. 중요한 것은 여기에 어떠한 의도가 있어서는 안 된다는 점이다.

　장기요양사업을 하기로 결심했는가? 그렇다면 당당하고 떳떳하게 하자. 윤리적이고 도덕적으로, 진실하고 정당하게 해야 할 사업임을 명심하기 바란다. 과거에는 너무 정직하면 돈을 벌지 못한다는 생각이 주를 이뤘지만, 이제는 정직해야만 돈을 벌 수 있는 시대다. 지금은 착한 기업이 성공하는 풍토로 변하고 있고, 또 그래야만 한다. 장기요양사업 같은 사업이 초보 사업자에게는 성공의 길잡이가 되리라 본다.

장기요양 미래 전망(1):
지역사회 통합돌봄(커뮤니티 케어)으로 나아가다

노인 의료비 90조 원 시대가 온다

2017년 국민건강보험공단이 발표한 연구보고서 「고령사회를 대비한 노인 의료비의 효율적 관리방안」에 따르면 우리나라는 1차 베이비붐 세대(1955~1963년생)가 후기고령자(75세 이상의 고령자)가 되는 2030년에 '노인 의료비 90조 원 시대'를 맞이한다. 이는 곧 국가의 거의 모든 자원이 노인 입원비나 요양 수발비용에 들어가게 된다는 의미다.

이 보고서는 국민건강보험 제도와 노인장기요양보험 제도를 지속적으로 운영하려면 지금부터 의료체계를 방문간호사나 요양보호사의 도움을 받아 가정에서 관리하는 '지역사회 중심체계'로 전환해야 한다고 강조한다.

실제로 덴마크 등 서유럽 대부분 국가는 의료체계를 이미 국가에서 지역사회 중심으로 전환한 상태다. 일본도 2012년에 '지역포괄 케어 시스템'을 도입해 의료체계를 병원에서 지역사회 중심으로 전환하는 중이다. 모두 초고령사회에 부담 가능한 비용 안에서 의료체계를 유지하기 위한 방책이다.

지역사회 통합돌봄 제도

우리 정부 역시 노인이 사는 지역에 그대로 거주하면서 맞춤형 복지서비스를 받을 수 있는 복지시스템인 '지역사회 통합돌봄 제도*'를 추진하고 있다. 이 제도의 가장 주요한 목적은 한마디로 '탈脫시설', 즉 요양병원이나 요양 시설에 들어가지 않는 것이다. 불필요한 사회적 입원으로 발생하는 의료재정의 손실, 삶의 질 저하를 방지하기 위한 대책인 것이다. 익숙한 환경 안에서 지역사회 생활을 누리며 시설에 준하는 돌봄 서비스를 받게 된다면 노인의 만족도가 올라가고, 국가적으로도 비용을 줄일 수 있으리라 보고 있다. 더불어 중단 없는 돌봄 서비스를 보편적으로 실시해 그 가족의 삶의 질을 향상하는 효과도 기대된다.

---

* 줄여서 '커뮤니티 케어' 또는 '마을 돌봄'이라고도 한다.

지역사회 통합돌봄은 현재 16개 시도에서 시범사업을 진행 중이며 곧 전국으로 확대될 전망이다. 선도사업(~2022년)과 제도적 준비(~2025년)를 마치고, 2026년부터는 본격적으로 대중화한다는 목표를 가지고 있다.

지역사회 통합돌봄을 전망하다

지역사회 통합돌봄은 민간을 활용해 돌봄 서비스를 제공하되 지역사회와 연계해 공공성을 강화하는 방안으로 추진될 전망이다. 국가와 지자체가 관련된 법과 제도, 전달체계, 재원, 품질 관리를 책임지고, 여기에 지역의 병원, 복지관, 경로당, 장기요양기관 등이 참여하는 식이다.

이러한 요소들을 조화롭게 융합하여 통합돌봄을 실현한다는 정책적 발상은 타당성이 충분하다. 사회 현실적 필요성 역시 부

** 급식 지원과 재가 요양, 생활 지원 서비스가 제공된다.
*** 공공과 민간 자원의 효율적 연계를 지원한다.

인할 수 없으며 모두 인정하는 바다. 세상에 없는 것을 만들어 엮는 것이 아니라, 기존의 조직들을 연계, 활용하므로 시스템 구축 자체도 그리 어렵지는 않으리라 예상된다.

다만 현장 적용을 생각하면 다소 의문이 든다. 정부에서 의욕적으로 추진하고 있으나 아직 현실적으로 시행하기에는 전반적으로 좀 미비하다는 느낌을 지울 수 없다. 무엇보다 각 참여 주체의 역할 분담이 명확하지 않다. 교통정리를 해서 각 참여 주체의 역할, 권한과 책임을 명확하게 해줄 한 곳이 필요한데 아직 그조차 확정되지 않았다. 엄밀히 말하면 너무나 다양한 기관과 조직을 아울러야 하니 공단이나 지자체나 서로 미루는 중이다.

장기요양기관은 지역사회 통합돌봄의 중심

어쨌든 지역사회 통합돌봄은 시대의 요구이자 세계적 추세이므로 우리나라에서도 시행될 것은 확실하다.

노인장기요양보험 제도는 14년이라는 짧은 역사에도 이룬 성과가 작지 않으며 사회적 필요성과 호응도가 높아 성공한 사회보험 제도로 평가된다. 이러한 제도를 구체적으로 실현해온 장기요양기관이 지역사회 통합돌봄의 중심에서 실질적 역할을 담당할 것은 자명한 일이다. 그렇게 되면 어떤 형태로든 장기요양 사업자의 활동 범위가 넓어지고, 그 가치에 더 무게감이 실릴 것이다. 지금 당장 장기요양사업에 뛰어들어야 하는 이유가 하나 더 생긴 셈이다.

장기요양 미래 전망(2):
장기요양기관의 공립화가 가능한가?

사회복지 서비스 분야에서의 민과 관

2008년 노인장기요양보험 제도가 시행되기 전, 우리나라에서 노인을 대상으로 하는 사회복지 서비스는 전부 복지관 등의 관에서 도맡아 했다. 그랬던 것을 전문성 강화, 사업운영비 절감, 고용 촉진 등의 이유로 민간에 위탁한 것이다. 이후 장애인 돌봄 등 기타 사회복지 분야도 전부 민간으로 넘어온 상태다. 지금은 복지관마저 민간에 위탁해서 운영하는 경우가 대부분이다.

2019년 공공성을 강화하고 서비스 품질을 향상하겠다는 명목 아래, 민간에 위탁했던 사회복지 서비스를 다시 관이 제공해야 한다는 주장이 대두되었다. 그렇게 나온 결과물이 바로 사회복지 서비스를 통합 지원한다는 '사회서비스원'이다.

결론부터 말하자면, 나는 개인적으로 사회서비스원의 역할과 효과가 크지 않을 거라고 생각한다. 민에서 하는 사회복지 서비스를 다시 관에서 가져가겠다는 원대한 계획은 현장을 모르는 미몽迷夢에 불과하며 실패로 끝날 확률이 높다. 실제로 지난 3년간 시·도 지자체에서 사회서비스원을 운영하였으나 '사회서비스 공공성 강화'의 효과는 미미한 것으로 평가된다. 일반인 중에는 사회서비스원이 뭐하는 곳인지조차 모르는 사람도 적지 않다.

민과 관은 함께 가야 한다

지난 14년 동안 우리 장기요양사업자들은 노인장기요양보험 제도의 취지와 가치를 실현하기 위해 직접 발로 뛰고 땀을 흘려가며 수급자를 발굴했다. 지금 대한민국에서 노인장기요양보험 제도의 혜택을 받으시는 어르신들은 거의 전부 우리 손으로 직접 모신 분들이다. 관이 사업을 가져갈 수 있을지는 몰라도 지난 세월 동안 민간 장기요양사업자들이 쌓아온 전문성과 신뢰, 노하우는 절대 가져갈 수 없다.

처음 사회복지 서비스를 민간에 위탁하기로 했을 때, 이미 정부는 민간에 이 분야를 맡기는 것이 타당하다고 판단했다. 만약 그때 민간에 위탁하지 않고 계속 관이 맡아 했다면 지금과 같은 성과를 거둘 수 있었을까? 절대 불가능한 일이며 관도 이를 알고 인정하는 부분이다.

그런데도 현장을 모르는 연구자들을 주축으로 사회복지 서비스의 안정성과 수준 향상, 돌봄 노동자의 처우 개선 등이 시급하다면서 장기요양기관의 공립화를 주장하는 목소리가 종종 나온다. 현장을 모르는 사람들의 탁상공론이다. 뭔가 개선할 부분이 있다면 현 상태에서 개선하면 될 일이지, 일부 문제가 보이니 아예 사업을 빼앗아야겠다는 사고방식은 너무나 단순하고 유치하다.

다른 곳은 몰라도 사회복지 서비스 분야에서는 민과 관을 '너 아니면 나' 식으로 보아서는 안 된다. 지금처럼 관은 지도와 관리를 철저히 하면서 관리자로서의 역할을 하고, 민은 규정에 따라서 전문성을 발휘하며 현장에서 뛰면 된다. 사회복지 서비스 분야에서 민과 관은 반드시 함께 가는 사이가 되어야 한다.

제6장

장기요양사업 운영 사례
– 센터장 네 분의 성공 실행기

열심히 장기요양사업을 하는 분들을 뵈면 늘
기분이 좋아지고 에너지를 얻는다. 모두 기
본적으로 성품이 따뜻하고 어르신들을 대하
는 넓은 포용력이 있는 분들이다. 이 장에서
는 장기요양기관을 운영하시는 센터장님들
의 이야기를 담았다. 각자 이 사업을 접하고
하게 된 경로는 다르나, 어르신을 모시는 마
음만큼은 다르지 않다. 네 분 센터장님의 글
을 통해 독자들 역시 에너지를 얻고 설립과
운영에 관한 좋은 팁을 얻을 수 있기 바란다.

장기요양 기관장으로
제2의 삶을 시작하다

우리동네재가복지센터 **박덕남 센터장**

제1기 요양보호사가 되다

주부로 엄마로 살면서 뭔가 새로운 일을 하고 싶다고 생각하던 차에 하루는 정보지에서 '노동부 지원 무료 간병인 교육생 모집'이라는 광고 문구를 발견했다. 자격증에 욕심이 생겨 당장 전화했더니 세 자리가 남았다고 해서, 얼른 서류를 챙겨 1시간 넘는 거리에 있는 남광사회복지관을 찾아갔다. 교육은 오전에 이론을 배우고, 오후에 병원 실습을 하면서 한 달 동안 이루어졌다. 교육 내용은 어렵지 않았다. 실습은 매주 목요일에 치매 어르신을 목욕시키고, 함께 놀이하고, 밖으로 나가지 않게 지키는 등의 일을 했는데 그리 힘들지 않고 새로운 일이라 신선했다.

교육이 3일 정도 남았을 때, 보건복지부에서 나온 직원이 사업설명회를 열어 이번에 '노인 돌보미 사업'이란 것이 새로 생기는데 이력서를 제출하면 가까운 복지관에 취업할 수 있다고 소개했다. 아직 마흔도 안 되었을 때라 노인 관련 일을 하기에는 젊었고 자신도 없었지만, 일단 교육 동기생들과 함께 이력서를 제출했다. 총 27명 중 13명이 합격했는데 그 안에 내 이름도 있었다.

처음에는 보건복지부 직원 말만 믿고 동기생들과 함께 집에서 가까운 사직복지관으로 찾아갔는데, 정작 그곳 복지사가 어이없다는 표정으로 그런 사업은 들어본 적도 없다고 해서 그냥 나와야 했다. 그때는 좀 무안하고 허탈하기도 했는데 지금 생각해보면 그 정도로 우리나라 노인복지 사업이 초기였던 탓이다.

결국, 우리 7명은 동래복지관으로 갔다. 이곳은 지역 자활사업을 하는 복지관으로 주로 차상위 수급자에게 직업 소개 등 자립을 지원하고 있었다. 우리는 유일한 일반인으로 사회서비스 사업인 노인 돌봄 사업에 투입되었다. 다시 돌봄 교육센터에서 돌봄 교육을 160시간 이수하고, 이제야말로 제대로 일해보나 했는데 정작 대상자가 없어 할 일이 없었다.

하는 수 없이 담당 팀장과 함께 오전 내내 전단지를 붙이러 다녔다. 그렇게 한 달을 꼬박 돌아다녔더니 문의 전화가 오기 시작했고, 드디어 어르신 세 분을 배정받아 일주일에 3일, 하루 세 시간씩 댁으로 가서 일상생활을 도와드리게 되었다. 일은 힘들기보다 재미있고 보람도 있었다. 이 일이 은근히 나와 잘 맞는다는 생각도 들었다. 그러던 중 2008년 우리나라에 장기요양제도가 정식으로 생기면서 제1기 요양보호사 교육을 받게 되었다.

노인 업무를 담당하다

사실 노인 돌봄이나 요양보호나 이름만 달랐지 하는 일은 별반 차이가 없었다. 요양보호사 교육을 받으라기에 '이건 또 뭐야?' 싶었지만, 자격증이 중요하기에 열심히 들어서 우리나라 제1기 요양보호사가 되었다.

'월급 받으면서 봉사한다'라는 마음으로 오랫동안 묵묵히 일했더니, 복지관 측에서 새로운 업무를 제안했다. 당시 사회서비스 담당 복지사가 업무 과중에 노인을 상대하는 외부 업무까지 하려니 힘들어서 퇴사하는 일이 잦았는데, 비교적 젊고 현장 경험이 있으며 운전도 가능한 내가 해보면 어떻겠냐는 것이었다. 사실 요양보호사들도 담당자가 너무 자주 바뀌고 현장 이해도가 부족해서 불편함을 느끼고 있던 차였다. 나는 요양보호사의 고충을 잘 아는 데다 어르신 상대에 능숙해서 잘하겠다 싶어 제안을 받아들였다. 이렇게 해서 요양보호사 관리, 신규 어르신

발굴과 상담, 등급 신청, 센터 등록, 요양보호사 배치 등 전체적인 서비스 진행을 맡아 일하게 되었다.

　복지용구는 당시 가장 문의가 많았던 분야였다. 장기요양 등급을 받으면 나라에서 복지용구 구매 혹은 대여를 지원해 준다는 것만 알지, 구체적으로 어디서 어떻게 받을 수 있는지 모르는 분이 많았다. 이 문제를 해결해 드려야 하는데 나도 아는 게 없어 우선 종합병원 옆 의료기기 전문점을 찾아갔고 그곳에서 한 복지용구 사업소의 명함을 받았다. 바로 전화해서 문의했더니 너무나 친절하게 안내해줘 모든 궁금증과 문제가 단번에 해결되었다. 이후로는 지팡이나 휠체어 대여, A/S 등 복지용구 문의가 들어오면 이곳에 연락해 이용을 도와드렸다. 그랬더니 나도 편하고 무엇보다 어르신들 만족도가 무척 높았다.

　그러던 중에 하루는 이 복지용구 사업소의 대표라는 분이 전화를 걸어와 많이 이용해줘서 감사하다며 직접 만나 인사하고 싶다고 했다. 나로서는 업무 처리를 했을 뿐이니 그럴 필요 없다고 거절했는데도 계속 권하기에 한번 뵈었는데 그분이 바로 조보필 대표님이다.

사회복지사가 되다

조보필 대표님은 만남과 동시에 장기요양사업의 가치를 열정적으로 설명하시더니, 내가 어르신들이 참 좋아할 인상이라며 직접 센터를 운영해보라고 권하셨다. 관심조차 없던 이야기라 그냥 웃어넘겼는데, 그 뒤로 거의 1년 반이나 잊을 만하면 전화해서 계속 권유하셨다.

그렇게 끈질기게 권유하시니 '도대체 왜?'라는 의문이 들었다.

'내 형제, 내 친한 친구도 한두 번 권하다가 거절하면 그만할 텐데……, 대체 왜 저렇게까지 하실까?'

'과연 내게 센터를 운영할 자질이 있을까?'

다시 만났을 때, 대표님은 장기요양사업의 가치와 비전을 차분히 설명하고, 10년 가까이 노인과 더불어 일해온 나야말로 장기요양사업가가 되어야 한다고 강조하셨다. 나는 사회복지사 자격증도 없다고 걱정했더니, 그 자리에서 바로 사이버대학 담당자를 연결해주었다. 그렇게 대표님과 몇 마디 나누었을 뿐인데 정신 차려 보니 나는 어느새 사회복지사 자격증을 준비하고 있었다. 힘들면 애들 도움이라도 받아야겠다고 마음먹었는데, 막상 시작하니 어렵지 않게 혼자서도 충분히 가능했다.

조보필 대표님은 나를 장기요양사업으로 이끌어주셨으며 지금도 늘 아낌없는 도움을 주시는 귀인이다. 장기요양사업에 대

한 강한 자부심으로 더 많은 이에게 그 가치를 전하고자 동분서
주하시는 모습이 존경스러울 따름이다. 나는 늘 이런 분에게 누
가 되면 안 된다는 마음으로 일하고 있다.

장기요양사업가가 되다

사회복지사 공부를 하는 중에 조보필 대표님의 코칭에 따라
우선 사회복지사 직원을 두고 방문요양센터를 열었다. 이후 자
격증을 취득하고 2018년 4월에 내 이름으로 '우리동네재가복지
센터'를 열게 되었다.

초기에는 동래복지관에서 어르신 관리를 했던 일이 큰 도움
이 되었다. 내가 직접 센터를 차렸다고 하니 복지관에서 뵈었던
어르신들이 직접 찾아주시거나 주변 지인분들을 소개해주셨다.
함께 일한 요양보호사 동료들도 큰 도움이 되었다. 아무런 확신
도 없이 시작한 센터였지만, 내가 열심히 뛰었더니 천천히 자리
를 잡았다. 서른 분을 모실 때까지는 조금 고생스러웠어도 이후
부터는 안정적으로 성장한 편이다.

센터 문을 열면서 '어르신 100분'으로 목표를 세웠던 기억
이 난다. 부산 시내를 다니는 사람이 얼마인데 설마 나랑 인연
을 맺을 어르신, 내가 모실 어르신 100분이 없겠냐는 마음으로
동래구 지역을 샅샅이 다니면서 열심히 뛰었다. 현재 어르신이

80~90분이니 목표에 근접해 간다.

　물론 힘든 점도 없지 않았는데, 크게 두 가지였다.

　하나는 사무 처리였다. 이전에 거의 16년을 노인복지 분야에서 꾸준히 일한 덕분에 대상자 발굴이나 상담 등 어르신을 만나는 일은 큰 걱정이 없었다. 어떤 분을 뵈어도 우리 센터 어르신으로 모실 자신은 있었는데, 대신 사무 업무나 컴퓨터 등 기계를 다루는 일에는 능숙하지 못해 고전했다. 특히 이 사업은 나라에서 돈을 받다 보니 서류 작업이 완벽해야 하는데 혹시 한 치의 오차라도 있을까 봐 늘 스트레스였다. 그래도 이제는 좋은 직원들이 도와주고 시스템이 안정되어 훨씬 수월하다.

　다른 하나는 직원 관리였다. 요양보호사야 각자 모시는 어르신들에게 최선을 다하면 되므로 큰 문제가 없으나, 사무실 직원 관리가 쉽지 않았다. 장기요양기관은 이용자 수에 따라 고용해야 하는 사회복지사 수가 정해져 있다. 우리 센터도 규모가 커지면서 직원 수가 늘어났는데, 아무래도 업무 스타일이 서로 다르고 입장의 차이가 있어 크고 작은 갈등이 발생하기도 했다. 센터장으로서 이런 갈등을 조율하고 중재하는 역할을 잘 해내려고 신경을 많이 썼다. 직원들의 의견을 적극적으로 청취하고 최대한 문제를 해결해 주려고 했다. 장기요양기관뿐 아니라, 어느 사업체나 사람이 모여 일하는 곳의 책임자는 직원 관리와 관련한 고민이 있으리라 생각한다.

센터를 운영한 6년 동안 나의 삶은 정말 많이 변화했다.

무엇보다 큰 변화는 내 마음가짐이다. 길 가다가 마주치는 어르신도 그냥 지나치지 못하고 한 번 더 돌아봐진다. 물론 이 역시 사업이니까 도통 내 마음 같지 않고 골치 아픈 일도 있었다. 그래도 잘 견뎌 왔더니 이제는 센터장으로서 칭찬을 듣고 부러움도 사게 되었다. 내 모습을 보고 장기요양사업에 관심이 생겨 직접 센터를 연 지인도 있고, 사업에 대한 조언을 얻으려 찾아오시는 분도 있다. 그런 분들이 열심히 하고 꾸준히 발전하는 모습을 보면 그렇게 마음이 좋을 수가 없다. 조보필 대표님이 나를 보시면 이런 기분이실까 싶다.

장기요양사업은 내게 새로운 인생을 선물했다. 장기요양사업가로서 새로이 펼쳐진 제2의 인생을 내 힘이 남아 있는 날까지 최선을 다해 볼 생각이다.

박덕남의 장기요양사업 노하우

센터 운영에 가장 큰 도움이 되었던 것은 역시 요양보호사 경력과 노인복지 업무 경험이다. 그 경험 덕분에 요양보호사와 어르신의 입장을 모두 이해해서 상황 파악과 해결이 빠른 편이다. 또 몇 마디만 나누어도 성향을 금세 파악해서 서로 어울릴 만한 요양보호사와 어르신을 매칭하는 촉이 좋다. 덕분에 어르신 때문에 힘든 적이 거의 없고, 요양보호사 때문에 속상한 일이 많지 않았던 것 같다.

우리 센터는 요양보호사님들의 노고를 덜기 위해 고무장갑, 물티슈를 항상 쌓아놓고 무한제공하고 있다. 또 식사가 어려운 분들에게는 두유를 한정 없이 제공해드리고 있다. 덕분에 내 차 트렁크는 언제나 두유가 실려 있다.

고무장갑, 물티슈, 두유……, 이런 것을 노하우라고 하면 실망할지도 모르겠으나 원래 우리 사업이 그렇다. 어르신들은 아주 작은 것에 기분이 하늘과 땅 차이로 바뀌기 때문이다. 애정을 바탕으로 세심히 살펴서 작든 크든 어르신이 진짜 원하고 바라는 것을 드려야 한다. 우리 센터 어르신들은 말씀만 하시면 복지용구 등 다른 급여까지 토털케어를 받으실 수 있게 최선을 다해 도와드리고 있다. 덕분에 만족도가 올라가고 이탈자가 거의 없다.

내가 무심코 하는 행동도 어딘가에서 지켜보는 사람이 있다는 마음으로 어르신을 모시는 손끝, 말끝에 모두 성의와 진심을 담는다. 등급 신청 의뢰가 들어오면 행정절차도 도와드리지만, 의사소견서 받을 때는 꼭 내가 직접 동행한다. 자녀분이 모시고 간다고 하더라도 이 일만큼은 직접 같이 따라나서려고 노력한다.

장기요양사업을 꿈꾸는 분들에게

내가 센터를 운영하는 모습을 보고 지금 이 사업을 시작해도 될지 묻는 분들이 적지 않다. 그러면 나는 하실 수는 있겠지만, 쉽게 큰돈을 벌겠다는 기대는 말라고 말씀드린다. 이 사업의 대상은 어르신이고, 버는 돈은 전부 나랏돈이다. 어르신을 상대로 나랏돈을 손에 넣어보겠다는 생각이라면 당장 돌아서서 이쪽은 쳐다보지도 말아야 한다.

시간이 흐를수록 이곳에는 네 일, 내 일이 없다는 생각이 든다. 늦은 밤이나 새벽에도 어르신에게 일이 생겼다 하면 나가야 하니 상시 대기 상태다. 기본적으로 인간에 대한 애정이 없으면 하기 어려운 일이다. 따뜻한 마음과 봉사 정신, 진정한 가치 추구, 말로 표현하기 어려운 무거운 사명감, 확고한 소신이 있는 사람만이 할 수 있는 일이다. 이런 이유로 이 사업은 너무 어린 분보다는 그래도 다양한 연령대의 사람을 만나보고 경험치가 쌓인 40대 이상에게 더 적합하다고 생각한다. 요양보호사는 몸이 힘들면 하기 힘들지만, 센터장은 나이가 들어도 충분히 할 수 있고 정년도 없다는 장점이 있으니 도전해 볼 만하다.

이 사업은 조바심을 내면 안 된다. 알다시피 어르신들은 내일 일을 모른다. 이 사업을 하면서 이용자가 많다고 좋아할 것도,

줄었다고 속상해할 것도 없다. 그저 새로운 어르신을 발굴해서 어떻게든 편안한 삶을 사실 수 있도록 돕는 것이 목적이 되어야 한다.

또 욕심과 조바심에 눈이 혹해 규정을 어기면 안 되며 반드시 '정해진 대로만' 해야 한다. 어르신 등급에 따라 정해진 대로 도와드려야지 괜히 조금 더 편의를 봐주려다가 규정 외 행동을 하면 스스로 발목 잡는 꼴이다. 아무리 선의였다고 호소해봤자 들을 사람도 없다. 종종 본인부담금을 조정해 달라는 보호자도 있는데, 나는 이런 분들은 우리 센터에 절대 발을 들이지 못하게 하고 있다. 우리는 원칙대로 하니까 다른 곳을 알아보라며 돌려보낸다.

글을 마치며

내가 센터를 시작할 즈음에 어린이집을 연 친구가 있다. 가끔 만나면 그 친구는 "아픈 노인들 돌보기가 안 힘드나?"라고 하고, 나는 "종일 애들 보고 있으면 스트레스 안 받나?"라고 한다. 나는 어르신들이 귀엽기만 하고 하나도 밉지 않은데, 그 친구는 아닌가 보다. 역시 사람마다 자기한테 맞는 곳은 따로 있구나 싶다.

돌이켜보면 요양보호사에 그치지 않고, 사회복지사 자격증을 취득해 장기요양사업을 시작한 일은 정말 잘한 선택이었다. 어르신을 위한 장기요양은 그 무엇보다 내게 가장 잘 맞는 분야이고, 사람 좋아하는 내 천성을 발휘할 수 있는 분야다. 내게 가장 잘 맞는 분야에서 사업체를 운영하면서 이 나이에도 안정적으로 소득이 발생하고 있으니 다행이라 생각한다. 앞으로도 내 체력이 허락하는 한 얼마든지 할 수 있는 일이라 더 감사하다.

처음 센터를 열 때, 조보필 대표님께서 어르신 관리 서류를 보관하려고 들여놓은 캐비넷을 보시더니 "열심히 하면, 이 캐비넷이 금방 꽉 찰 겁니다!"라고 격려해주셨다. 이제 6년 차가 되니 말씀대로 거의 다 찼다. 꽉 찬 캐비넷을 보면 그동안 누구보다 열심히 달려온 나, 도와주신 많은 분, 한번 잡은 손을 놓지 않았던 어르신들이 연이어 떠오른다.

앞으로도 쉬지 않고 달려 더 많은 어르신과 인연이 닿기를 간절히 바란다. 나를 믿고 의지하는 어르신들에게 손길 한 번, 눈길 한 번 더 닿을 수 있도록 최선을 다할 것이다.

교육과 소통으로
요양보호의 수준을 향상하다

서산요양센터 **정순임 센터장**

뚜렷한 목적 없이 시작한 장기요양사업

가끔 어떻게 장기요양사업을 하게 되었냐는 질문을 받으면, 늘 어색하게 웃으며 "아무 생각이 없었어요"라고 대답하곤 한다. 농담이 아니라 실제로 그랬다.

둘째를 낳고 일을 잠시 쉬면서 앞으로는 아이들과 좀 더 시간을 보내야겠다는 생각이 강해졌다. 그동안 사회복지관에 소속되어 근무했는데 일과 육아를 병행하기가 쉽지 않았기 때문이다. 아이들을 키우면서도 할 만한 일을 찾던 중, 사회복지사는 요양보호사 자격증을 비교적 쉽게 취득할 수 있다는 이야기를 듣고 교육원을 찾아갔다. 사회복지사라도 주로 아동 청소년

복지 분야에서 경력을 쌓았기에 노인장기요양에 관해서는 아는 바가 많지 않았다. 우선 자격증이라도 취득해 두면 육아와 병행하며 근무할 수 있으리라는 막연한 기대만으로 내린 결정이었다. 그런데 교육 중에 나 같은 사회복지사는 장기요양기관의 기관장 자격이 있음을 알게 되었다. 가만히 생각해보니 요양보호사를 하기보다 아예 직접 방문요양센터를 열어서 운영하면 좀 더 유익할 수 있겠다 싶었다.

이렇게 해서 2010년 6월, 가장 저렴한 작은 사무실 하나를 얻어 방문요양센터를 열었다. 내가 사회복지사이자 센터장이고, 이용자는 우리 엄마 한 명이었다. 이걸 해서 무슨 대단한 돈을 벌겠다는 마음은 전혀 없었기에 아주 적은 수입이라도 이의가 없었다. 상황이 여의치 않을 때는 갓 돌 지난 딸 아이를 안고 어르신 댁을 방문하기도 했다. 나는 시간을 효율적으로 사용하고, 어르신은 아기를 보시면 반가워 웃으시니 오히려 좋았다. 당시 내 상황으로는 이보다 더 좋을 수가 없었다.

애초에 이용자를 많이 확보해서 어찌 해보겠다는 목표나 기대가 없어서인지 운영하면서 크게 힘든 점도 없었다. 다만 이전에 일하면서 인식했던 사회복지의 개념과 방문요양센터장의 역할, 책임이 다소 괴리된다고 느껴 생각이 많았다.

사회복지관 소속 사회복지사는 대상자에게 필요한 인적·물적 자원을 직접 연결, 투입하거나 그들의 경제적, 사회적 참여를 돕는 식으로 일한다. 즉 복지 프로세스에서 일종의 연결고리 역할을 맡는다. 그런데 방문요양센터장이 되고 보니 내가 직접 요양보호 일을 하지 않거니와, 센터들 사이에 알게 모르게 경쟁도 있었다. 센터장은 순수한 의미의 사회복지 전문가도 아니고, 그렇다고 완전한 사업가라고 할 수도 없어 뭔가 포지션이 애매했다. 그러다 보니 '내가 사회복지사로서 이곳에서 어떤 가치를 실현할 수 있을까?'라는 생각이 머릿속을 떠나지 않았다.

고민을 거듭한 끝에 다시 사회복지관으로 돌아가겠다는 쪽으로 가닥이 잡힌 때가 2012년이다. 많지는 않아도 천천히 이용자를 늘리면서 센터를 꾸려왔으나, 사회복지사로서 내 나름의 소명과 사명을 다하려면 돌아가는 편이 더 낫겠다 싶었다.

공교롭게도 당시는 건강보험공단의 기관 평가가 얼마 남지 않은 때였다. 당장 폐업해도 문제는 없지만, 평가 일정을 눈앞에 두고 문을 닫는다면 도망치는 것 같아서 싫었다. 그래서 '그만둘 때는 그만두더라도 맡겨진 책임은 다하고 그만두자!'라는 마음으로 평가를 받는데, 뜻밖에도 결과가 좋았다. 지금 생각해보면 사회복지사로 일했던 경험 덕이었다. 사회복지법인에서 시군구 감사를 도맡아 하던 내게 솔직히 장기요양기관 평가는 익숙한 시험과도 같았다.

참 묘하게도, 사업을 접기 전에 처음이자 마지막으로 받은 이 평가가 내 마음가짐을 완전히 바꾸어 놓았다. 평가를 준비하면서 이 일을 다시 한번 돌아보게 되었고, 이곳만큼 사회복지 이념을 실현할 수 있는 곳도 없다는 사실을 새삼 깨닫게 된 것이다. 물론 결과까지 좋아서 힘이 더 불끈 났다. 새로 마음을 다잡고, 다시 제대로 한번 달려보겠다고 결심했다!

교육과 소통의 힘

우선 센터장으로서 나의 역할부터 재정립했다. 우리 선생님들이(나는 요양보호사님을 선생님이라고 부른다) 어르신을 더 잘 모실 수 있도록 '착실히 교육하고 올바른 방향으로 이끄는 역할'을 맡기로 한 것이다. 이전에도 교육과 간담회를 겸한 자리가 없었던 것은 아니지만, 형식과 내용을 완전히 새롭게 정비했다. 이때부터 한 달에 한 번 선생님들을 모두 모시고 우리 센터만의 교육을 시작했다. 강제성은 없지만, 센터장인 내가 워낙 열의를 보이니 참여도도 점점 더 높아졌다.

교육에서 가장 강조하는 부분은 바로 '온 마음을 다해서!'다. 센터장으로서 의례적으로 하는 말처럼 들리지만, 꾸준히 반복해서 강조했더니 선생님들도 열정적으로 변하는 모습이 보였다. 교육은 센터와 선생님들의 '소통의 장'이다. 센터가 선생님들께 바라는 점, 선생님들이 센터에 원하는 부분을 자유롭게 이야기하고, 사례 분석과 토론, 의견 교환이 활발히 이루어진다.

교육은 선생님들의 서비스 질을 향상하는 목적도 있지만, 센터를 보호하기 위한 장치이기도 하다. 어떤 경우든 문제가 갑자기 생기는 경우는 거의 없다. 오해와 불만을 그냥 덮어버린 채안고 가면, 어느 순간 불거져 나오고 균열이 발생하는 법이다. 이런 상황을 방지하기 위해 문제 상황이 있다면 교육 시간에 공개적으로 이야기하고 센터가 지향하는 방향을 강력히 제시하고 있다.

나는 교육과 소통의 힘을 믿는다.

교육을 통해 선생님들이 스스로 자신을 '요양보호사 아줌마'가 아니라, 전문 인력으로 인식하는 모습이 눈에 보인다. 역량이 향상되고, 자부심과 애사심도 함께 커진다. 우리 센터 선생님들은 근무하러 갈 때도 항상 깔끔하게 갖춰 입고 다니시며, 늘 밝고 자신감 있는 모습이다. 어디를 가도 눈에 확 띄어서 다른 센터에서 이분들은 어디 소속이냐고 물을 정도다. 새로 들어온 선생님도 몇 차례 교육에 참여하시면, 기존 선생님들을 보고 태도와 자세가 확연히 달라진다.

물론 신규 채용을 해보면 우리 센터가 지향하는 바와 다소 거리가 있는 분들도 있다. 정 안 맞으면 어쩔 수 없지만, 대부분 우리 센터의 스타일로 유도하는 기간을 갖는다. 교육 때마다 베테랑 선생님들 옆에 앉혀 이야기를 나누면서 스스로 문제를 깨

닿게 하는 식이다. 센터장인 내가 직접 문제를 지적하면 현장을 모르는 탁상공론이라는 말이 나오겠지만, 같은 보호사 선생님이 짚어주고 조언한다면 설득력이 높아진다. 이제는 내가 직접 말하지 않아도, 선생님들끼리 서로 좋은 영향을 주고받으며 함께 성장하는 분위기가 자리 잡았다. 이는 우리 센터의 귀중한 자산으로 모두 일찍부터 꾸준히 교육과 소통에 적극적으로 공을 들인 덕분이라고 자부한다.

어르신들과도 끊임없는 소통으로 연대감을 쌓고 있다.

센터 이용자가 30명 정도 될 때까지는 내가 직접 모든 어르신을 매달 한 번씩 방문해서 이야기를 나눴다. 불편한 점이나 필요한 건 없는지, 건강 상태와 식사는 어떤지……, 일일이 묻고 살폈다. 지금은 이용자도 늘고 방문 사회복지사가 있어서 예전만큼은 아니어도 많이 다니는 편이다. 선생님들께 말씀을 전해 듣기도 하지만, 아무래도 직접 듣는 건 또 다르다. 센터장이 안 오면 서운해한다는 어르신도 계시니 앞으로도 멈추지 않고 해야 할 일이다.

사실 나는 사회복지사로 일할 때, 노인·장애인 관련 업무를 꺼리는 편이었다. 선호하는 아동 청소년 복지 업무만 하려고 그쪽으로 공부도 많이 했다. 그래서인지 지금도 그렇지만, 처음에는 현장에서 직접 요양을 담당하는 선생님들이 너무 대단해 보였다. 어쩜 저렇게 내 부모를 대하듯 살뜰하게 챙길까 싶은 적이 한두 번이 아니었다. 나도 한번 살갑게 굴어보려고 해도 어색하고 서툴기만 했다. 그래도 어르신들을 계속 만나 뵙고 이야기를 나누었더니 대하는 마음가짐이 달라졌다. 지금은 어르신을 대하기가 훨씬 여유롭고 자연스러워졌다.

센터장의 일

장기요양기관의 기관장은 기본적으로 요양보호사 선생님과 어르신 양쪽을 모두 존중하는 마음이 있어야 한다. 잘했으면 잘한 대로, 잘못했으면 잘못한 대로, 실수했으면 실수한 대로, 솔직하게 진심을 보여야 한다. 두루뭉술하게 넘어가거나 속이려는 마음을 당장 버려야 양쪽 모두와 오랫동안 관계를 이어나갈 수 있다.

요양보호사 선생님들은 언제나 가장 귀한 분으로 모셔야 한다.

어찌 되었든 센터장은 리더이고, 요양보호사는 따라오는 입장이다. 이때 "따지지 말고, 무조건 따라오라!"라는 식의 지시와 명령은 아무 도움이 안 된다. 내가 그들을 높이 세워줘야, 그들 역시 나를 높여 보고 따르는 법이다.

나는 우리 센터 선생님들을 '의사보다 더 귀하고 좋은 약'이라고 부른다. 기력이 다해 제대로 드시지 못하는 어르신도 우리 선생님들이 가서 손 한번 잡아드리면 힘을 내어 숟가락을 드신다. 어떤 의사도 하지 못하는 일을 하는 셈이다. 나는 10년 넘게 센터장을 했지만, 요양보호사 경력이 없어서인지 지금도 기저귀 교체, 신체 수발 같은 현장 요양이 어렵다. 우리 선생님들은 이런 일을 아무렇지도 않게 해낸다. 어르신을 먹이고, 씻기고, 닦으며 사랑을 듬뿍 주고 계속 대화한다. 손을 잡고 나가지 못하면 휠체어에라도 태워서 바깥 구경을 시킨다. 그렇게 정성을 쏟으면 음식도 더 잘 드신다.

물론 수입 측면에서 따지자면 이용 어르신 수요가 중요할 수 있으나, 사실상 방문요양센터가 돌아가려면 요양보호사님들이 훨씬 귀한 분들이다. 센터장이 이런 마음을 진실하게 드러내어 보이면, 요양보호사님들도 스스로 자신을 귀하게 여기고 자발적으로 따른다.

어르신은 '측은지심惻隱之心'으로 대해야 한다.

흔히 사람이 나이가 들면 아이와 같아진다고 하는데, 나는 절대 그렇게 생각하지 않는다. 치매 같은 질병이 아니라면 노화로 인해 신체 기능이 다소 퇴화했을 뿐, 모두 각자 살아온 세월 속에서 나름의 경험과 지식을 차곡차곡 쌓아온 분들이다. 기력 없이 계시는 것 같아도 어떤 상황에 놓이면 두뇌 회전이 빨라지고 짐작과 상상이 다방면으로 가능하다. 상대방의 얼굴이나 말투에서 순간적으로 낌새를 알아차리는 눈치도 대단하다. 이런 분

들을 괜히 아이 다루듯이 하면 오히려 의도치 않게 상처를 드릴
수 있다.

그래서 어르신을 대할 때는 따뜻함, 사랑, 공경심이 바탕에
깔린 측은지심으로 대해야 한다. 어르신의 어려움을 차마 그냥
보아 넘기지 못하는 마음이 들어야 한다. 이런 마음은 현장 요
양을 담당하는 요양보호사님은 물론이거니와 센터장도 반드시
갖추어야 하는 마음가짐이라고 생각한다. 측은지심은 상대방과
의 일체감이라고 한다. 어르신의 불편함을 나의 불편함으로 여
길 수 있기를 매 순간 다짐하고 있다. 이런 마음가짐이 없으면
어르신이 금세 알아챌 뿐만 아니라, 본인도 이 일에서 즐거움을
얻지 못한다. 한때 노인·장애인 업무를 피해 다니던 나 역시도
지금은 어르신을 향한 측은지심으로 일하고 있다.

현실적인 조언

이제 장기요양사업을 계획하는 분들에게 몇 가지 현실적인
조언을 드리고자 한다. 장기요양기관 중에서도 방문요양센터만
운영하고 있고, 오직 내가 해온 방식만 알고 있으니 무조건 정
답이라 할 수 없다. 어쩌면 사소하게 보일 수 있지만, 12년 넘
게 이 사업을 해오면서 생각한 내용이므로 필요한 분들에게 도
움이 되기 바란다.

(1) 작게 시작해서 천천히 키워야 마음이 편하다

개인적으로 너무 크게 보다는 작게 시작하는 편을 더 추천한다. 내 경우, 사업을 해본 경험이 없고, 주부였기 때문에 아무래도 실패할 가능성을 생각하지 않을 수 없었다. 그래서 사무실도 월세 부담이 거의 없는 가장 저렴한 곳으로 얻었고, 다른 비용도 거의 들이지 않았다. 주간보호센터야 어느 정도 시설 투자가 필요하나 사실 방문요양센터는 특별히 투자할 부분도, 투자할 필요도 없다. 겁도 나고 대단한 기대도 없어서 투자를 최소화했지만, 지금 생각해보면 그랬기에 초기에 이용자가 적었어도 오히려 조바심내지 않고 차근차근 센터를 키울 수 있었던 것 같다.

뭐든 투자를 하면 자연히 그만큼 거둬들여야 한다는 생각이 들기 마련이다. 시작부터 너무 많이 투자하면 불안해지고, 사람이 불안하면 마음이 조급해진다. 조급해지면 자꾸 엉뚱한 생각이 들고 다른 길이 보이며, 결국에는 탈이 나게 되어있다. 특히 초기 이용자를 확보할 경로가 특별히 없다면 반드시 투자를 최소화하기를 추천한다. 기관을 크게 키우는 일은 나중에 얼마든지 할 수 있다.

(2) 업무를 전반적으로 파악하고 있어야 한다

초기에는 장기요양기관의 업무가 지금만큼 복잡하지 않았는데도 일 잘하는 사회복지사를 채용해 아예 맡겨버리는 식으로 운영하는 곳이 꽤 있었다. 개인적으로 기관장이 업무에 대한 기본적인 이해 없이 남에게 일임한다면 바람직하지 않다고 생각한다. 물론 업무 처리 경험이 많지 않으면 처음에는 힘들고 어렵겠지만, 적어도 업무를 배우고 파악하려는 의지가 있어야 한다.

기관장은 리더다. 리더는 큰 머리를 쓰며 기관을 이끌고 나가야 하므로 머릿속에 업무 전반에 관한 사항이 전부 들어있어야 한다. 그래야만 인력을 제대로 관리하고, 가진 자원을 적재적소에 쓰며, 좋은 아이디어를 떠올려 기관을 더 키울 수 있다. 그렇다고 기관장 혼자서 모든 업무를 다 끌어안고 하라는 말이 아니니 오해하지 않기 바란다. 직원에게 맡기더라도 알아야 제대로 맡길 수 있고, 그 기관만의 스타일이 확립된다.

우리 센터의 경우, 센터장인 내가 업무를 정확히 파악하고 있어 직원들도 내가 선호하는 방식으로 업무를 진행하고 있다. 까다롭고 복잡한 업무지만, 언제나 최대한 완벽한 서류를 갖추기 위해 최선을 다하고 있다.

종종 요양보호사 경력이 있으면 기관 운영에 유리할지 묻는 분들이 있다. 물론 있으면 좋겠지만, 없어도 크게 관계는 없다. 장기요양이 사업내용이기는 해도 기관장이 직접 현장 요양에 나서는 것은 아니기 때문이다. 기관장을 하려면 요양 업무 자체보다 업무 영역에 대한 이해가 훨씬 더 필요하고 중요하다.

(3) 내가 하는 만큼 얻는 사업이다

사회복지관에서는 일하다 보면 조금 답답할 때가 종종 있었다. 대상자에게 필요한 건 가장 가까이서 살피는 내가 제일 잘 아는데, 여러 조건과 제약 탓에 주도적으로 복지 자원을 전달하기가 어려웠기 때문이다.

반면에 장기요양사업은 의미, 재미 그리고 수입까지, 모두 내가 하는 만큼 가져갈 수 있는 일이다. 좀 더 주도적으로 필요한 곳에 필요한 정도의 복지를 전달하면서 내가 하는 일의 의미를 체현할 수 있고, 그런 만큼 점점 더 의욕적으로 즐겁게 일하게 된다. 또 사업이라고 해도 외부 조건으로 매출과 수익이 널뛰는 일이 없으므로 내가 정성을 쏟은 만큼, 아니 그 이상으로 가져가는 몫이 커진다. 끊임없이 신규 이용자를 발굴하고, 기존 이용자를 더 세심히 살핀다면 절대 그 노력을 배신할 사업이 아니다.

(4) 실수가 잘못이 될 수 있다

사회복지관 소속일 때는 실수를 저질러도 경위서를 쓰면 실수로 인정받는 기회가 주어진다. 그런데 직접 기관장이 되고 보니 "의도치 않은 실수였습니다"라고 말할 대상이나 기회가 아예 없었다. 아무리 작은 실수라도 어떠한 조정이나 유예, 경고도 없이 나의 잘못이 되며, 즉각 환수 등의 행정 처분이 내려진다. 그렇기에 오랜 기간 근무했더라도 계속 조금씩 변화하는 노동법이나 행정 사항 등을 놓쳤을까 막연한 불안감을 안고 있다.

의도치 않은 실수도 잘못이 되는 마당에, 만약 알면서 부정을 저지른다면 어떻게 되겠는가? 당연히 더 커다란 악영향으로 돌아오고 운영 자체가 어려워질 수 있다. 가끔 요양보호사 선생님들이 규정에 어긋나는 일을 부탁할 때가 있다. 워낙 오랫동안 같이 일하면서 잘 아는 사이이고 사실 따지고 보면 그다지 무리한 부탁도 아니지만, 일단 규정에 어긋나면 아무리 해드리고 싶어도 해드릴 수가 없다. 좀 해주면 될 텐데 뭘 그렇게 빡빡하게 구냐고 서운해하셔도 할 수 없다. 인정에 넘어가지 않되, 안 되면 왜 안 되는지 차분히 설명해서 이해시켜야 한다.

장기요양사업에서 모든 문제의 답은 규정에 있음을 강조하고 싶다. 규정만 온전히 따르면 탈이 날 것도 없고, 흠이 잡힐 것도 없다.

이상 네 가지가 장기요양사업에 관심 있는 분들에게 드릴 수 있는 내 나름의 현실적 조언이다. 좋은 뜻이 있는 분들이 우리 장기요양사업에 동참하여 각자 기대하는 가치를 실현할 수 있기를 바란다.

조보필 대표님과의 인연

이 책의 저자인 조보필 대표님은 같은 부산 동래구에서 장기요양사업을 하신다. 그동안 뵈어온 대표님은 이 사업에 대한 신념이 확고한 분이다. 늘 적극적으로 타 센터와 교류하시며 경쟁이 아니라 연대와 협력을 강조하시는 모습이 존경스럽다.

개인적으로 대표님에게 감동한 적이 있어 짧게 소개하고자 한다.

한번은 운영하시는 주간보호센터를 방문했는데 사무실 한쪽 조용한 곳에 아기 침대가 놓여있었다. 의아해서 사무실에 웬 아기 침대냐고 했더니 출산한 직원이 편하게 아기를 돌보며 근무할 수 있도록 대표님이 직접 선물했다고 하셨다. 직원 복지에 이렇게까지 신경을 쓰시다니, 역시 기본적으로 사람에 대한 애정이 가득한 분이라는 생각이 들었다.

조보필 대표님이 이런 따뜻한 마음을 바탕으로 과감하게 어르신 복지사업을 넓혀가시는 모습은 나를 포함해 동종업계 많은 분에게 본보기가 된다. 앞으로도 더 많은 사람에게 영감을 주는 훌륭한 롤모델이 되시리라 믿으며 항상 응원하고 있다.

이런 대표님의 저서에 짧게나마 글을 쓰게 되었는데 혹여 좋은 책에 누가 될까 걱정스럽다. 부족하지만 독자들에게 도움이 되기를 바란다.

어르신들과 함께한 16년, 나를 더 크게 성장시키다

대림복지센터 최미숙 센터장

어르신들과의 첫 만남

언니야, 내가 요양보호사 자격증 공부를 해볼라는데 같이 안 할래? 집에만 있으면 병만 생긴다. 같이 해보자!

어느 날, 동생이 찾아와 요양보호사 자격증 이야기를 꺼냈다.

우리나라에 한창 제조업 붐이 일던 시기, 나는 남편과 함께 신발제조업체를 운영하면서 돈도 꽤 벌고 여유롭게 생활했다. 하지만 중국, 베트남 등지로 생산설비 이전이 가속화되었고, 국내업체의 경쟁력이 낮아지면서 우리 회사도 결국 문을 닫고 말았다.

20년 동안, 밤낮없이 일하다가 이제는 집에만 있으려니 무료

하고 지루하기만 했다. 이런 언니가 걱정됐던지 동생이 요양보호사 자격증을 따자고 제안한 것이다. 안 그래도 할 만한 일을 찾고 있었던 데다 평소에 어르신들과 어울리기를 좋아했던 나는 고민 없이 바로 학원에 등록했다.

매일 오전 9시부터 오후 5시까지 한 달 반을 다니는 과정이 있는데 힘들지는 않았고, 실습까지 재미있게 다녔다. 드디어 교육을 마치고 자격증을 손에 쥐었을 때는 너무나 기쁘고 뿌듯해서 심장이 두근거릴 정도였다. 원래부터 이걸로 돈을 벌 요량은 아니었기에 따로 일자리를 찾지는 않았고, 주말마다 동래 지역에 있는 요양원에 가서 봉사활동을 시작했다. 나는 원래부터 어르신들을 편하게 대하고 스스럼없이 말도 잘하는 사람이다. 요양원 어르신들도 그런 나를 알아보셨는지, 내가 오는 날만 기다린다고 하셔서 즐겁게 다녔다. 우리 아이들도 시간이 될 때마다 함께 가서 돌봐드리니 참 보람되고 좋은 시간이었다.

요양보호를 업으로 삼다

하루는 봉사하러 갔더니, 늘 가장 끝자리에 앉아계시는 어르신께서 나를 부르셨다.

봉사만 하지 말고 아예 일자리를 딱 잡아서 하는 게 안 낫겠나? 이렇게 손끝에 성의가 있는 사람이 또 어디 있을까……, 확실히 다르다, 달라!

그동안 아무 말씀은 없으셨어도 나를 보고 이런 생각을 하셨구나 싶어 순간 울컥했다. 어르신 말씀대로 정말 제대로 취직해서 요양보호사로 일해볼까 싶은 생각이 들어서 며칠 후에 이력서를 제출했더니 다음 달부터 바로 나와달라고 했다. 요양보호사로 처음 출근하던 날, 따지고 보면 봉사로 내내 해왔던 일과 크게 다를 바가 없는데도 이상하게 설레었던 기억이 난다. 이날부터 나는 요양원에서 서른 분 정도의 어르신과 부대끼며 일하게 되었다. 이것이 장기요양 분야에서 나의 첫 번째 경력이다. 요양원에서는 총 5년을 일했다.

요양원에서 요양보호사로 일한다고 하면 대뜸 "힘들지 않아요?"라고 묻는 분들이 계신다. 참 이상한 것이 나는 그때나 지금이나 일이 힘들다는 소리가 안 나온다. 내 눈에 어르신들은 그저 아이같이 이쁘기만 하고, 함께 생활하는 일은 힘들기는커녕 즐겁기만 하다. 할머니들은 방금 삐졌다가 금세 풀어지는 모습이 새침한 여자아이 같아서 귀엽고 예쁘다. 할아버지들은 내내 무뚝뚝하다가도 이것저것 말을 시키면 가끔 흡족한 미소를 지어주시는데 그게 또 그렇게 반갑다. 기력이 쇠하고 신체 기능은 다소 떨어질지 몰라도 어르신들에게는 분명히 눈빛이 반짝이는 찰나가 있다.

요양원에서 일하는 동안 분명히 즐거운 일도 있고, 슬픈 일도 있었다. 그래도 좋은 일들이 훨씬 많았기에 5년을 시간 가는 줄 모르고 신나게 어르신들을 모실 수 있었다. 돌이켜보면 이 기간에 나는 노인복지의 중요성과 필요성을 실감하고, 장기요양 분야에 대한 확신을 얻었던 것 같다. 구체적인 계획은 없어도 왠지 내가 이 분야를 완전히 떠나지 않고 어떤 역할이든 맡게 되리라는 생각이 들었다.

나의 장기요양사업 여정

5년 동안 즐겁게 일한 요양원이 폐업하면서 나도 일을 쉬게 되었다. 취미생활을 하면서 시간을 보내고 있는데 주변에서 나 같은 사람이 이 일을 안 하면 누가 하느냐고 성화였다. 사실 이전에도 요양원 운영을 맡아달라는 제안을 심심찮게 받곤 했다. 직접 운영이라니, 이건 봉사하다가 취직하는 것과는 차원이 다른 이야기다. 덜컥 겁도 나고 자신도 없어서 차마 제안을 받아들이지 못했다.

이번에도 머뭇거리고 있는데, 요양보호사로 5년 이상 일한 사람은 6개월 교육을 받고 시험에 통과하면 기관장 자격이 생긴다는 이야기를 들었다. 알아보니 부산에는 대상자가 적어 교육과정이 없어졌고, 교육을 받으려면 대구, 경산까지 가야 한다고 했다. 하는 수 없이 기차와 버스를 갈아타면서 6개월 교육을 수료하고 기관장 자격을 얻었다.

나의 첫 장기요양기관은 요양원이었다. 줄곧 요양원에서만 일했으니 가장 잘 알고 익숙하기도 했지만, 무엇보다 24시간 어르신들이 계시는 시설이라 함께 지낼 수 있는 시간이 많았기 때문이다. 무슨 업종이든 24시간 운영은 쉬운 일이 아니다. 당시 아이가 중학생이었는데 대충 깨우기만 하고 등교하는 것도 못 보고 출근하곤 했다. 그때 나는 일하는 재미에 힘든 줄 모르고 바쁘게 살았는데, 지금 생각해보면 아이들과 남편이 참 고생이었겠다 싶다.

정성과 애정을 쏟으며 열심히 했지만, 요양원 운영은 쉽지 않았다. 불과 9~10년 전이라도 사회적 인식이나 분위기가 전혀 달랐기 때문이다. 그때는 어르신을 요양원에 모신다고 하면 도리를 저버리고 나 몰라라 한다는 생각이 강해서 입소자가 많지 않았다. 그래도 어떻게든 해보려고 애썼는데, 설상가상으로 건물주와도 문제가 생겨서 끝내 문을 닫고 말았다. 지금은 요양원마다 자리가 없어서 대기 번호를 받아야 할 정도니 장기요양에 대한 인식이 얼마나 개선되었는지 알 수 있다.

처음 연 기관을 아쉽게 폐업했으니 그만할 만도 한데, 배운 게 도둑질이라고 나는 어느새 또 기관 자리를 찾고 있었다. 요양원에 같이 운영했던 주간보호센터 어르신들이 나를 따라오겠다고 성화를 내셔서 마음이 급했는지 적당한 곳을 찾자마자 냉큼 계약했다. 이렇게 해서 감사하게도 주변 많은 분의 도움으로 2015년에 새로이 주간보호센터를 열 수 있었다.

감사하게도 이전 요양원 인연으로 어르신 여섯 분이 와 주셨다. 하지만 언제까지나 이 몇 분만으로 운영을 할 수는 없으니 신규 어르신 모집이 시급했다. 막막했지만 일단 해보자는 생각으로 직접 발로 뛰었다. 여기저기 돌아다니면서 명함을 드리고 광고 전단을 붙였다. 경로당, 노인정……, 어르신들이 모이는 곳이라면 어디든지 가서 나라에서 어르신을 위해 이런 사업을 한다고, 오시면 이런 서비스를 받으실 수 있다고 설명했다. 가끔은 웬 사기꾼이 와서 당신을 어디로 끌고 가려나 싶어 욕하는 분도 계셨다. 얼마 안 된 것 같아도 당시 장기요양에 관한 인식은 지금과 이렇게나 달랐다.

그래도 최선을 다해 열심히 뛰었더니 어르신이 한 분, 한 분 늘어났다. 이분들은 지금도 내게 가족과 다름이 없다.

천직을 찾다

종종 지인들로부터 이런 말씀을 듣곤 한다.

　노인 상대로 일하기가 쉽지 않을 텐데 참 대단해요!
　참 어려운 일을 오랫동안 하시네요!

칭찬 같기도 하고, 정말 의아해서 하는 말 같기도 하다. 글쎄, 이 일이 정말 그렇게 어려운 일인가? 솔직히 나는 지금껏 어르신을 모시면서 힘들거나 지친 적이 없다! 처음부터 어르신들과 같이 놀고 생활할 수 있는 점이 좋아서 시작했고, 지금도 어떤 어르신이든 우리 센터로 모실 자신이 있다.

보통 방문요양을 먼저 하다가 주간보호로 확장하는 경우가 많은데, 그 반대로 한 이유도 어르신들을 매일 안 보면 내가 답답해서다. 방문요양만 하지 왜 힘든 주간보호를 하냐는 질문을 받으면, "그러면 어르신들과 같이 놀 수가 없잖아요!"라는 말이 바로 튀어나온다.

흔한 표현이지만, 어르신들을 '내 부모'라고 생각하면 못할 일도, 되지 않을 일도 없다.

나는 직원들에게 항상 '늘 어르신을 주시하며 맞춰 드려야 한다'라고 강조한다. 어르신들이 하시려는 걸 못 하게 하면 안 된다. 그냥 원하는 대로 하시게 해드리면 평화롭다. 젊은 시절로 돌아간 어르신이 갑자기 조개를 캐겠다고 하시면 양동이를 가져다드리면 된다. 이불 장사를 했던 어르신이 바느질하는 시늉을 하시면 뜯어진 이불을 가져다드리고 "기워주세요"한다. 이것이 우리 일이다.

한번은 상담 오신 보호자께서 동네를 오가는 우리 센터 차량을 한 달 동안 유심히 보셨다고 했다. 그랬더니 내가 어르신을 돌보는 손짓이나 몸짓에 성의가 가득하고, 귀찮아하거나 지겨운 마음이 전혀 보이지 않았다는 거다. 저런 곳이라면 내 아버님을 모셔도 되겠다 싶어서 찾아오셨다고 말씀하셨다. 누가 보라고 한 행동은 아니지만, 이렇게 알아보는 분이 계시니 너무나 감사했다.

하나 더 자랑하자면 우리 센터는 어르신이 드시는 걸 절대 아끼지 않는다. 아이를 키울 때처럼 잘 먹이면 내 마음이 그렇게 좋다. 애정과 정성을 쏟으니, 우리 센터 어르신들은 처음 오셨을 때보다 훨씬 더 건강하고 밝아진다. 당신들도 우리 센터 없었으면 진작 죽었을 거라며 무슨 복으로 나를 만났는지 모르겠다고 눈물을 글썽인다. 작년에 107세 나이로 돌아가신 어르신 한 분도 단 하루도 거르지 않고 매일 나오셨다. 다들 연세가 있으니 호들갑스럽게 표현하지는 못한다. 대신 내가 지나가면 언제부터 쥐고 있었는지 모를 꼬깃꼬깃해진 사탕 하나를 내 손 안으로 슬며시 넣어주신다.

나는 매일 어르신들을 뵈러 즐겁게 출근하고, 어르신들은 우리 센터에서 편안하게 지내시니 우리는 진짜 가족과 다름없다. 지금 글을 쓰면서도 우리 어르신들을 떠올리니 미소가 지어진다.

장기요양사업은 할수록 내 천직天職이라는 생각이 든다. 좋아하는 일을 하면서 돈도 벌 수 있으니 복도 이런 큰 복이 없다. 내 사업을 하면서 가치 추구까지 할 수 있어 감사할 따름이다. 게다가 나의 천직은 정년도 없다. 주변에서는 농담 반, 진담 반으로 지금 나를 보면 아흔 살까지도 너끈히 하겠다고 말씀들 하신다. 나도 몸이 따라주는 한, 최대한 오랫동안 열심히 해보려고 한다.

내가 보는 장기요양사업

결론부터 말하자면, 나는 장기요양사업을 추천하는 편이다.

우선 사업적으로 시장 전망이 굉장히 좋다. 현재의 58세까지는 베이비부머 세대로, 2060년까지 노인이 계속 늘어난다고 한다. 모두 향후 장기요양사업의 대상자가 될 분들이다. 또 초기와 달리 요즘에는 사회적으로 노인장기요양제도에 대한 긍정적 인식이 늘어나 시설을 이용하는 데 거부감이 많이 줄었다.

특히 나처럼 요양보호사 경력이 있는 분들이 하면 좋은 사업이다. 요양보호사는 일하면서 워낙 다양한 경우를 많이 보았기 때문에 어르신과 몇 마디만 나눠봐도 상태를 금방 파악하고 대처하는 데 유리하다. 또 평소에 어르신을 대하는 일이 어색하지 않고 말과 행동이 자연스럽게 나오는 분들이라면 충분히 할 수 있는 일이다. 나는 처음에 요양원에서 경력을 쌓아 주간보호부터 했지만, 사실 주간보호센터는 차량부터 음식까지 신경 쓸 일이 많다. 상대적으로 수월한 방문요양부터 시작하는 편을 추천한다.

문 열자마자 이용자가 쏟아져 들어오리라 기대하면 곤란하다. 사람을 모아서 길게 가는 사업이라 마음을 넉넉히 가져야 한다. 나 역시 처음에는 이용자가 생각만큼 늘지 않아 걱정했으나 워낙 낙천적인 성격 덕분에 차차 잘 되리라 믿고 버텼다. 천천히 한 분, 한 분 늘어나는 모양새가 답답하겠지만, 수요가 끊길 일 없다는 사실 하나만 굳게 믿고 나아가야 한다.

나는 이 나이에도 내 사업을 하면서 수입을 올릴 수 있다는 사실에 굉장히 만족하고 있다. 현재의 만족도를 생각하면 초기에 했던 걱정은 아무것도 아니다.

업무 자체는 어렵지 않으며 정해진 규칙대로 하면서 불법행위만 하지 않으면 된다. 내 경우, 처음에는 업무를 직접 다 맡아

했지만, 지금은 직원들에게 맡겨 운영하고 있다.

한 가지 꼭 이야기하고 싶은 점은 장기요양사업으로 큰돈을 벌기는 어렵다는 사실이다. 이 사업은 시설비만 내 돈으로 할 뿐, 결국 나랏돈으로 하는 사업이므로 내 월급만 가져간다는 마음으로 해야 편하다. 자신의 사업적 성향이 어떤지 잘 생각해 보기 바란다. '수익성은 크게 높지 않으나 안정적이고 장기적인 사업'을 할 것이냐, '수익성은 높으나 불안정하고 외부 리스크가 있는 사업'을 할 것이냐의 문제다. 전자를 선호하는 분이라면 장기요양사업이 아주 잘 맞을 것이다.

장기요양과 함께 성장한 16년

장기요양사업을 하기 전, 나는 사업체도 운영하고 이것저것 장사도 해봤다. 그때는 일이 그저 돈을 벌기 위한 수단이었고, 너무 힘들어 괴롭지만 않으면 나쁘지 않다고 생각했다. 그런데 장기요양사업은 달랐다.

장기요양사업은 내가 어떤 사람인지, 무엇을 가장 잘하는지, 무엇을 해야 가장 행복한지 깨닫게 해주었다. 할수록 더 매력적이고 좋은, 그야말로 천직이었다! 장기요양과 함께한 16년은 보잘것없는 나에게 센터장이라는 직함을 주었고, 그보다 더 큰 행복과 즐거움을 선사했다. 처음 시작할 때는 주변의 걱정과 반대도 있었지만, 그때 시작하지 않았더라면 지금의 나만큼 성장했을까 싶다.

나는 집안 사정으로 학교를 제대로 다니지 못했다. 다행히 주산, 부기, 타자 자격증이 있어 취직할 수 있었는데, 언제부터인가 학교 졸업장이 없으면 직장에 다니기 어려워졌다. 항상 배움에 대한 욕심과 열망은 있었지만, 사느라 바빠서 하고 싶은 공부를 차일피일 미룰 수밖에 없었다.

센터가 어느 정도 자리를 잡은 후에는 내 나이 예순이 넘어서 학교에 다니기 시작했다. 줄곧 공부를 마치고 싶기도 했지만, 장기요양사업을 하면서 마음에 여유가 생기고 나를 더 향상하려는 마음이 커졌기 때문이다. 지금은 못다 한 공부를 하면서 하루하루가 행복하다. 고등학교 졸업장을 받으면 대학에 들어가서 사회복지학을 전공할 예정이다. 지금까지 쌓아온 경험에 이론을 더해 어르신들을 더 잘 모시는 데 도움이 되었으면 한다.

끝으로 여러모로 부족한 내게 저서의 지면을 내어주신 조보필 대표님께 감사 인사를 드리고 싶다. 처음에 말씀을 꺼내셨을 때는 어떻게 써야 하나 막막했지만, 글을 쓰면서 내가 걸어왔던 길을 돌아보고 장기요양사업에 대한 나름의 생각도 정리할 수 있었다. 대단할 것 없는 이야기이나 독자들에게 조금이나마 도움이 되기를 바라는 마음이다.

전심치지(專心致志),
온 마음을 오직 사람에게 다하다

조은재가복지센터 박영경 센터장

새로운 세상, 요양보호를 만나다

내 나이가 40대에 들어섰을 무렵, 우리나라에 노인장기요양보험 제도가 시행되면서 요양보호사라는 새로운 일자리가 생겼다는 이야기를 들었다. 당시 나는 이른바 경력단절 여성이었다. 결혼 전부터 일한 김해국제공항은 늦은 밤이나 이른 새벽에도 움직여야 해서 육아와 병행할 만한 직장이 아니었다. 육아로 일을 그만뒀지만, 아이들이 크자 다시 일해야 한다는 생각이 간절해졌던 차였다. 이런 나에게 요양보호사라는 직업은 상당히 매력적으로 다가왔다.

나는 어려서부터 방학만 되면 시골 외할머니댁에서 지내며 동네 할머니, 할아버지와 어울릴 기회가 많았고, 유순한 성격 덕에 어르신들의 말씀이나 분위기를 별 거부감 없이 잘 받아들이는 편이었다. 또 공항에서 일한 덕분에 서비스 정신이 자연스레 몸에 배어 있었다. 무엇보다 요양보호사는 출퇴근 시간이 자유로워 아이 셋을 키우면서도 충분히 할 만한 일 같았다. 이거야말로 나 같은 사람을 위한 직업이지 싶었다.

 아이들을 키우면서 하루 3~4시간 정도만 일하면 한 달 반찬값 정도는 되리라 생각하고 주저 없이 요양보호사 학원에 등록했다. 요양보호사를 해볼까 한다 했더니 주변에서 노인들 대소변 기저귀까지 갈아야 한다느니, 비위 안 좋은 사람은 절대 못 한다느니, 이런저런 이야기를 많이 했다. 하지만 그다지 현실적으로 와닿지 않아서 오히려 과감하게 도전할 수 있었다. 한 달에 걸친 요양보호사 교육이 내 인생을 새롭게 시작하는 계기가될 줄은 전혀 예상하지 못했다.

 학원에서 만난 교육 동기생들은 연령대도 직업도 무척 다양했다. 각자 나름의 이유와 사연을 가지고 요양보호사라는 새로운 분야에 도전하는 분들로 서로 격려하고 응원하면서 특별한유대감을 쌓을 수 있었다.
 현장실습은 치매 어르신들이 생활하시는 요양원에서 했다. 간단하게 생각하고 갔는데 현장은 상당히 충격적이었다. 요양원은 매일 어르신들의 대소변으로 전쟁이 따로 없었다. 변이 묻은 기저귀를 잡아빼서 냅다 던지는 분, 걸어 다니면서 용변을 보시는 분, 누운 채로 변을 보고 손으로 닦아내시는 분……, 곳곳에서 돌발 상황이 터지는데 비현실적으로 느껴질 정도였다.

'세상에, 이런 삶도 있구나……'라는 생각이 드는 한편으로, 그 속에서 묵묵히 견디고 있는 나 자신이 신기하면서도 대견했다. 이때 나는 노인요양보호 현장이라는 완전히 새로운 세상을 보았다. 단순히 어르신과 잘 어울리고 서비스 정신이 있다고 할 수 있는 일이 아니었다. 전문성을 갖추고 책임감과 긍정적인 마인드, 결단력에 용기와 배짱까지 있어야 해낼 수 있는 일이었다. 정말 이 일을 업으로 삼는다면 세상에 못 할 일이 없을 것 같았다. 당시의 경험은 이제껏 막연히 생각했던 요양보호라는 일이 어떤 것인지 실감하게 했고, 전문적인 요양보호사로서 갖춰야 하는 성숙한 자세와 마음가짐을 세우는 계기가 되었다.

실습까지 모두 마치고 자격증을 취득한 후, 현장에서 직접 어르신을 케어하는 요양보호사로 경력을 시작했다. 무슨 일이든 할 수 있다는 마음으로 어르신들을 위해 부지런히 움직이고 최선을 다했다.

재가복지센터를 운영하다

요양보호사로 일할 때, 주변에 장기요양사업과 관련 있는 분들이 많다 보니 이 분야의 전망과 발전에 관한 이야기를 자주 들을 수 있었다. 그런 이야기들의 공통점은 정부가 노인복지에 투자를 아끼지 않고 적극적으로 추진할 것이며, 앞으로 출산율이 줄고 수명이 늘어나는 만큼 꽤 유망하다는 것이었다. 더불어 전반적인 사회복지 분야에서 일할 수 있는 사회복지사 자격증이 여러모로 쓸모 있다는 이야기도 많이 들었다. 이에 대학에 편입해서 사회복지사 자격증에 도전했고, 요양보호사로 일한 지 2년 만에 사회복지사가 되어 지금의 재가복지센터를 시작하게 되었다.

내 경우, 센터를 여는 과정에서 큰 어려움은 없었다. 특히 요양보호사 교육 동기들이 큰 도움이 되어 주셨다. 그때 직원으로 모신 분들은 지금도 나와 함께하며 우리 센터의 소중한 자산으로 자리 잡았다. 무엇보다 센터장인 내가 현장 경험이 있어 요양보호사님들의 고충을 이해한다는 점이 큰 이점으로 작용했다. 신규 이용자를 발굴하겠다고 특별히 애쓰거나 마케팅을 하지도 않았다. 이용자를 늘리겠다는 욕심을 버리고, 기존 이용자 한 분, 한 분에게 집중하고 최선을 다해서 어르신과 요양보호사님 모두의 믿음을 얻었다. 그랬더니 따로 부탁드리지 않아도 그분들이 자발적으로 이용자를 소개해주셨다. 이러한 믿음과 지지야말로 우리 센터를 여기까지 오게 한 원동력이라 생각한다.

다만 한 가지 어려웠던 점은 행정적인 부분이었다.

모든 것을 서류로 남겨야 하므로 컴퓨터 사용부터 각종 서류 양식 갖추기까지 뭐 하나 할 때마다 어려운 점이 있었다. 시행 초기여서 이해하기 어려운 부분도 많고 어디 물어볼 곳도 없어 난감했다. 그때는 우리뿐 아니라 담당 기관인 국민건강보험공단 역시 처음 하는 일이라 업무가 서툴렀다. 종종 센터와 협력하기보다 강압적인 태도까지 보여 당황한 적도 여러 번 있었다.

알다시피 장기요양사업은 국가사업이기 때문에 입금, 지급 등이 정확한 날짜에 오차 없이 이루어진다. 돈 받는 일에 걱정이 없고, 정확한 수입을 예상할 수 있으며, 컴퓨터만 확인하면 무슨 돈이 어디서 들어오고 어디로 나가는지 눈에 다 보인다. 자기도 모르게 새는 돈이란 있을 수가 없다.

대신 나랏돈을 받아서 하는 사업이라 각종 공문서, 문서, 서류의 작성과 보관이 항상 완벽해야 한다. 국가사업에 대한 감사나 평가는 이렇게까지 하나 싶을 정도로 철저하다. 공직 경험이 있는 사람이 아니라면 처음에는 다소 당황스러울 것이다. 항상 정확한 입출금 내역을 빠짐없이 챙겨 두었다가 언제라도 나랏돈을 정당하게 썼음을 증빙할 수 있어야 한다.

종종 센터의 운영 노하우를 질문받곤 하는데 특별한 건 없다.

나 역시 지금까지 다양한 시행착오와 수많은 고민, 개선과 성장을 거듭하면서 센터를 이끌어왔다. 오히려 나는 영업력이나 기획력이 대단히 뛰어난 사람이 아니어서 늘 조심스럽게 한 발, 한 발 걸어왔다고 생각한다.

대신 상대방이 처한 상황을 금방 이해하고, 공감력이 뛰어난 편인 것 같기는 하다. 어르신이 딱히 말씀하시지 않아도 어떤 성향의 분인지, 어떤 심리 상태인지 금방 알아차릴 수 있다. 또 요양보호사님들의 노고와 고충을 잘 이해하고, 눈앞의 이익보다는 관계를 더 우선으로 생각한다. 간혹 이런 점이 센터의 이익 측면에서는 오히려 불리하게 작용해 문제다.

기본적으로 어르신이든 요양보호사님이든 한번 맺은 인연은 설령 내가 손해를 보더라도 오래 가는 쪽을 더 선호한다. 덕분에 타 센터에 비해 오래 근무하는 요양보호사님이 많고, 사회복지사님들도 모두 입사 후 꾸준하게 함께하고 있어 부러움을 사고 있다.

요양보호사부터 센터장까지, 지난 10년을 돌이켜보면 우여곡절도 많았다. 그래도 꾸준히 안정적으로 해올 수 있었던 것은 이 일이 내게 주는 기쁨과 감동이 더 컸기 때문이다. 그중 하나를 소개하고자 한다.

어릴 적부터 소아마비로 혼자 거동이 불가능한 어르신 의뢰를 받고 등급 판정부터 수급까지 도와드렸다. 이 어르신은 1년 정도 요양보호사님과 내게 많이 의지하셨고, 우리도 최선을 다해

모셨으나 안타깝게도 뇌졸중으로 쓰러져 혼수상태에 빠지셨다. 병문안을 하고 두 달 정도 지났을 때, 꿈에 어르신을 뵈었다. 꿈 속에서 어르신은 날아서 우리 센터를 한 바퀴 휙 돌아보시더니 이제는 꽃 구경 간다며 고마웠다고 말씀하셨다. 계속 생각이 나 서 며칠 후에 요양보호사님께 꿈 이야기를 했는데, 깜짝 놀라면 서 본인도 같은 날 밤에 어르신 꿈을 꾸었다고 했다! 요양보호 사님은 꿈에서 어르신이 꽃놀이 가야 하니 도시락을 싸달라고 하시길래 "네, 싸드릴게요!" 하고 잠에서 깼다고 했다. 그 자리 에서 바로 입원하신 병원에 전화했더니 우리가 꿈을 꾼 그날 어 르신이 돌아가셨다고 했다. 우리에게 얼마나 의지하셨으면 떠 나시며 일부러 인사하러 오셨구나 싶어 눈물이 쏟아졌다.

장기요양사업은 이런 이야기가 있는 일이다. 큰 수익이 아니 라 커다란 마음과 감사함을 더 소중히 여겼기에 지금까지 해올 수 있었다고 생각한다. 지금 이 사업을 잘 해오고 계시는 센터 장님들 모두 같은 마음일 것이다.

장기요양사업에 관한 생각들

향후 급속하게 늘어날 노인 인구를 대상으로 하는 사업
사회복지사 자격증으로 할 수 있는 국가사업

나라에서 수익을 보장하는 사업

주변에 아는 사람이 많으면 유리한 사업 ……

모두 맞는 말이기는 하다. 하지만 이 사업을 이런 식으로 너무 단순하게만 봐서는 안 된다.

지금 장기요양사업을 생각하시는 분들은 사업구조, 예상 수익률, 영업 방식 같은 걸 따지기보다, 자신이 기본적으로 타인에 대한 이해와 애정이 있는 사람인가를 고민해 보아야 한다. 어르신들이 살아온 삶을 이해하고 요양보호사님의 성향을 파악해서 양측을 가족으로, 서로 삶의 한 부분으로 이어드리는 것이 센터의 일이다. 늘 겸손하고 신중하게 정성을 다해서 해야 하는 일이며, 하면 할수록 어려운 일이다.

장기요양사업을 하는 사람이 갖춰야 할 마음가짐을 가장 잘 보여주는 말이 있다. 바로 '전심치지專心致志', 즉 마음을 오로지 뜻을 둔 한곳에 집중한다는 뜻의 사자성어다. 이 사업을 하려면 내 마음이 오로지 사람을 향하도록 집중해야 한다.

장기요양사업을 생각하는 분이라면 반드시 사전에 현장을 둘러보고 다양한 이야기를 많이 들어보시기 바란다. 아무런 준비도 고민도 없이 무작정 시작해서 기본을 무시하고 돈 버는 데 혈안이 된 센터를 보면 참 기가 막힌다. 장기요양사업의 기본은 '노인복지', 즉 노인의 행복한 삶을 추구하는 것이다. 이를 무시하고 어르신을 돈을 버는 수단으로만 보아서는 안 된다. 특히 다른 센터의 어르신을 욕심냈다가는 망신을 면하지 못하고, 적은 돈에 눈이 팔려 거짓 청구를 한다면 낭패 보기 십상이다.

글을 마치면서

정말 아무것도 모르고 센터를 시작해서 헤매고 있을 때, 복지용구 문제를 알아보다가 아는 분에게 조보필 대표님을 소개받았다. 처음에는 어찌나 언변이 좋으신지 살짝 의심스럽기까지 했는데 이야기를 나눌수록 진정성이 느껴져서 이런 분도 계시구나 싶었다. 하나를 여쭤보면 대여섯 개를 알려주셔서 센터 운영에 아이디어도 많이 얻었다.

그 사이 10년을 뵈면서 참 많은 일을 상의 드리고 의지했다. 무엇보다 장기요양사업에 대한 깊은 이해와 굳건한 믿음으로 더 많은 사람을 돕고 이 사업의 가치를 전하시는 모습이 존경스럽다. 늘 본인의 이익보다는 타인에게 더 많이 마음을 쓰시느라 바쁘시지만, 대표님의 사업에 대한 열정을 보면 업계를 주도하시는 분은 역시 다르다 싶다.

내가 대표님에게 많은 도움을 받았듯이, 장기요양사업에 뜻이 있는 분들이라면 이 책에서 많은 영감을 받으리라 믿는다. 좋은 책에 부족하나마 짧은 글을 더하게 되어 감사할 따름이다.

내 아버지 이야기

글을 맺으면서 내 아버지의 이야기를 하고자 한다.

아버지는 한국 전쟁 전에 평양의 유명한 의사 밑에서 조수로 일하면서 의술을 배웠다. 전후에는 서울 흑석동에 의원을 차렸는데 의사면허가 없으니 면허 있는 의사를 내세워 운영해야 했다. 무면허라도 실력이 좋아 의원이 꽤 잘되었는데, 그러자 이름을 빌려준 의사가 터무니없는 욕심을 부렸다고 한다. 결국, 아버지는 열심히 일궈놓은 의원을 뺏기다시피 넘겨주고 크게 상심한 채로 처가, 즉 나의 외가로 낙향했다.

부모님은 외가 동네에서 조그맣게 약포(藥鋪, 지금의 약방)를 차리고, 마이신이나 머큐로크롬 같은 상비약 등을 팔아 살림을 꾸렸다. 얼마 지나지 않아 동네에 아버지가 서울에서 크게 의원을 했음이 알려졌고, 아버지는 다시 조산(助産)이나 상처 치료 등 의료 행위를 하셨다. 하지만 아무리 실력이 좋아서 아픈 사람을 돕고 감사 인사를 받아도 불법은 불법이었다. 결국, 아버지는

행정당국의 단속과 처벌을 받을 수도 있다는 생각에 극심한 스트레스에 시달리다가 마흔아홉이라는 젊은 나이에 뇌졸중으로 급사하고 말았다.

생각해보면 아버지는 일의 가치를 중요하게 생각하시는 분이었다. 동네에 아픈 사람이 있으면 밤낮을 가리지 않고 달려가 당신의 지식과 의술로 돕고 치료하는 데 힘쓰셨다. 행정당국이 볼 때는 무면허 의료 행위자지만, 동네 사람들에게는 '아픈 데를 고쳐주는 고마운 분'이었다. 다만 문제는 그것이 법이라는 테두리를 벗어났다는 점이다.

나는 늘 아버지처럼 가치를 좇는 동시에, 아버지와 달리 합법적으로 떳떳하게 할 수 있는 일을 찾고자 했다. 직장에 다니면서도 한편으로는 어딘가에 있을, 내게 딱 맞는 그런 일을 계속 찾았다. 야간에 평생교육원을 다니며 사회복지사 자격증을 취득해 놓기도 했다. 그러던 중에 동네 형님을 통해 알게 된 장기요양사업은 눈이 번쩍 뜨일 만큼 놀라운 발견이었다.

장기요양사업은 노인 돌봄을 통해 사회적 가치를 실현하면

서, 내가 당당하게 한 일에 대해서는 안정적인 수익을 보장받는
사업이다. 가치를 실현하고, 품격을 지키며, 돈까지 버는 사업
이라니, 이런 사업이 존재한다는 사실에 놀라웠다. 이런 사업을
해야 큰 걱정도 불안도 없이 마음 편히 할 수 있으리라 확신했
다. 이 확신은 역시 어긋나지 않았고 장기요양사업은 내 평생의
사업이 되었다.

예전이나 지금이나 나는 형제 중에서도 아버지를 향한 존경
과 사랑이 깊은 편이다. 의대나 약대에 진학해 아버지처럼 의술
로 사람들을 돕고자 하는 마음이 있었으나 이루지 못했는데, 뒤
늦게 만난 장기요양사업을 하면서 아버지의 뜻을 이어갈 수 있
게 되어 감사하고 뿌듯하다.

나는 차남이지만 연로한 어머니를 이웃 두고 모셔왔다. 내가
요양사업을 함으로써 가능한 것이다. 아버지의 제사도 우리집
에서 올린다. 지금 내 사업이 잘되는 것도 부모님에 대한 깊은
마음, 어머니를 봉양하는 이 마음을 돌아가신 아버지께서 아시
고 기특하게 여기시기 때문이 아닐까 생각한다. 다른 누구보다

내 아버지, 내 어머니에 감사하고 존경하며 애틋하게 정성을 다하는 마음이야말로 진정한 사랑이자 도리라고 여긴다.

세 가지 선택

나는 장기요양사업을 위해 세 가지의 큰 선택을 했다.

첫째, 젊은 시절을 몽땅 바쳐 어느 정도의 자리에까지 오른 건설 분야를 버리고, 장기요양사업으로 전향했다. 그때 내 나이가 50살이었다. 주변에서 걱정도 많이 들었지만, 오직 "내가 하고 싶은 일을 한번 해보고 죽겠다"라는 마음으로 과감하게 선택했다.

둘째, 이름을 바꾸었다. 부모님이 항렬에 따라 지어주신 이름은 '곧을 직直'에 '올 래來'를 썼다. 뜻은 참 좋은데, 발음이 쉽지 않아 한 번에 알아듣는 사람이 없었다. 또 어릴 적에는 짓궂은 친구들이 발음이 비슷하다는 이유로 조질래, 조졌네 등 상스럽게 부르며 놀려대서 이름 트라우마가 생길 정도였다.

장기요양사업을 하면서 나는 그렇게 싫었던 이름을 '보필'로 바꾸었다. 나를 이 사업의 길로 인도해주신 동네 형님께서 만든 브랜드명이 바로 '보필'이었다. 그 브랜드의 대리점 1호로 출발한 '보필'이라는 상호를 내 이름으로 선택한 것이다. 개명을 통해 인생 후반기에 만난 사업이 곧 나 자신이 되었다.

셋째, '낮춤'을 삶의 새로운 모토로 삼았다. 어르신을 모시는 사업을 하기로 하면서 나는 모든 마음가짐과 자세를 낮추기로 했다. 어디에서 누구를 만나든 눈높이를 낮추고, 목소리를 낮추고, 주장과 의견을 낮추었다. 참 신기하다. 낮추니까 더 잘 들리고, 낮추니까 더 잘 보였다. 낮추니까 더 잘 통하고, 낮추니까 더 올라갈 수 있었다.

이 책을 시작하는 글에서 '솔개의 선택'에 관한 이야기를 했다. 솔개는 두 번째 삶을 위해 스스로 부리를 부수고, 발톱과 깃털을 뽑는다. 나 역시 인생 후반기에 만난 평생의 사업, 장기요양사업을 위해 직업을 부수고, 이름과 성질을 뽑아내어 버렸다. 그리고 지금 솔개처럼 '제2의 인생'을 여유롭게 날며 감사한 마음으로 살아가고 있다.

맺으며

평생 사업을 전파하는 기쁨

좋은 게 있으면 나누는 것이 인지상정이라고 했다. 오래전부터 나는 누가 조금이라도 장기요양사업에 관심을 보이고 물어보면 열 일 제쳐두고 알려주고 돕기를 즐기는 사람이었다. 나의 평생 사업인 장기요양사업을 더 많은 분에게 전파하는 일은 지금 나의 커다란 즐거움이자 보람이다. 다른 건 필요 없고 고맙다는 말 한마디 들으면 그렇게 뿌듯하고 기분이 좋을 수가 없다.

시간이 흐르면서 아는 것을 내어 드리고 물심양면 돕는 범위와 깊이가 점점 커졌다. 좀 더 적극적인 방식으로 더 많은 분에게 도움을 드리고자 하는 마음에서 책 쓰기도 결심할 수 있었다. 더 많은 사람이 장기요양사업을 통해 내가 느낀 성취감과 자긍심을 느끼고, 사회에 기여하도록 돕기 바란다. 아무쪼록 더 많은 독자에게 도움이 되고, 그들의 삶에 긍정적인 영향을 미칠 수 있는 책이 되기를 희망한다.

감사한 분들

마지막으로 감사한 분들을 이야기하고자 한다. 책을 쓰면서 그동안 장기요양사업을 하며 서로 돕고 긍정적인 영향을 주고받았던 많은 분을 떠올릴 수 있었다. 한 분, 한 분 언급해야겠지만, 지면 관계상 어려운 일이기에 그러지 못함을 양해 부탁드린다.

가장 먼저 감사드릴 분은 MS그룹 전원태 회장님이시다.

글에서 '동네 형님'으로 언급했는데, 사실 '내 인생길의 은인'이시라 해도 과언이 아니다. 회장님은 우리나라에 노인장기요양보험 제도가 태생함을 알려주셨으며 내가 장기요양사업에 참여할 수 있는 길을 안내하고 이끌어주셨다. 특히 당신이 혼신을 기울여 만든 브랜드명인 '보필'을 내 사업의 상호로 쓰게 하시고, 내 이름까지도 '보필'로 바꾸는 것을 허락해주신 정말 고마운 분이다.

전원태 회장님은 "사업이란 돈이 아니고 간절함과 열정으로 이루는 것이며 사회 기여가 그 목적이 되어야 한다"고 초지일관

강조하신다. 큰돈 없이 사업을 시작한 나에게는 그 말씀이 언제나 커다란 힘이 되었고, 지금은 나 역시 그 뜻을 그대로 이어받아 열심히 전파하고 있다. 내가 장기요양사업의 좋은 뜻에 참여할 분들에게 도움이 되고자 하는 마음 역시 회장님을 본받은 사회 기여라고 생각한다.

책을 쓰면서 회장님을 향한 존경과 감사가 더 깊어질 수 있었다. 앞으로도 항상 건강하시고 오래도록 내 인생과 사업의 크고 고마운 형님으로 함께 하시기를 기원한다.

다음으로 우리 회사의 주인인 직원들에게 감사를 전하고자 한다.

보통의 사장이라면 앞장서서 업무를 파악하여 실무자들을 교육하고 지도하겠지만, 나는 채용만 해놓고 스스로 파악해서 하라고, 제도와 규정에만 맞춰서 하면 된다고 말하는 사장이었다. "우리가 하는 업무는 사장이 직접 만드는 것도, 사장에 의해 달라지는 것도 아니다. 국민건강보험공단에서 만든 법 제도와 규정에 따라야 하고, 그쪽에서 지도 관리하며, 대가도 그쪽에서 준다." 늘 이런 식으로 실무를 모두 직원들에게 일임했으니 그런 점에서 미안한 부분이 있다.

어쩌면 일일이 간섭하지 않아 수월한 부분도 있었겠지만, 스스로 찾아 배우고 익히는 과정이 분명히 쉽지 않았으리라고 생각한다. 다행히 우리 직원들은 나의 이러한 경영 방침을 이해하며 스스로 업무에 책임을 지며 열정을 다해주는 고마운 분들이다.

책에 인터뷰 내용이 실린 노인장기요양 실무의 대가 이영애 동래데이케어 원장님, 13년 동안 복지용구 실무를 담당한 이 분야 최고의 역량가 석경숙 센터장님, 앞선 업무가 정리되지도 않은 험지에서 주간보호 경력 하나 없이 센터장을 맡아 눈물과 고충의 4년 만에 마침내 센터를 안착시킨 이상옥 미남노인복지센터 센터장님, 국비 지원을 놓치고 손실 운영의 고난을 겪던 동부요양보호사 교육원을 열정과 의지로 명실상부 최고의 요양보호사 교육원으로 재탄생시킨 김성규 원장님, 우리 회사에서 가장 오래 근무하시고, 최고 연장자이시며, 애사심이 가장 뛰어난 84세 안방원 실장님.

모두 내가 업무를 가르치거나 지도한 적 없으나 각자의 분야에서 누구에게도 뒤지지 않는 최고의 실무자들이다. 뛰어난 업무 능력, 경험과 실력에서 우러나오는 자신감을 갖추었다. 내가 하는 일은 이분들이 지시하는 일을 해주고, 운영을 위한 지원 요청이 있을 때 아낌없이 지원하는 것이다.

직원들은 내가 빠져 준 덕에 힘들지만 좋다고, 늘 믿고 맡겨줘서 고맙다고 한다. 그러면 나는 또 믿고 맡길 수 있게 해주어 참 감사하다고 한다. 각 사업장의 책임자를 비롯해 200여 명의 직원 모두 우리 회사의 주인이다.

마지막으로 장기요양사업 실행사례를 제공해주신 센터장님들께 감사드린다.

우리동네재가복지센터 박덕남 센터장님, 서산요양센터 정순임 센터장님, 대림복지센터 최미숙 센터장님, 조은재가복지센터 박영경 센터장님, 이 네 분은 모두 100~200미터에서 1~2킬로미터 안에 있는 최우수기관의 센터장님들이시다. 이웃에서 경쟁하는 관계처럼 보일 수도 있겠으나 전혀 그렇지 않으며 업무적으로나 인간적으로 우애가 깊고 관계가 돈독하다.

내가 우리 사업의 실상을 책으로 써보려고 한다고 했더니 모두 참 좋은 아이디어라며 응원해 주셨으며, 책을 기획하는 과정에서 사례 제공을 부탁드렸더니 기꺼이 적극적으로 참여해 주셨다. 나보다 더 깊이 있고 감동적인 이야기로 독자들의 이해를 높이는 큰 역할을 해주어 너무나 감사할 따름이다. 네 분 센터장님께서 실제 사례를 더해준 덕분에 나의 모자란 글이 더 풍성해지고 책이 원래의 목적에 훨씬 가까운 가치를 얻게 되었다. 참 고마운 분들이시다.

맺으며

노인이 살아야 나라가 산다

전병태, 류동순 지음 | 값 20,000원

책은 고령화사회 대한민국의 현실을 직시하고, 그에 대한 장기적이면서도 현실
적인 대책 시행을 촉구하는 한편 노년층 개인들 역시 생산적이며 존경받는 계
층이 될 수 있도록 노력해야 한다는 점을 강조한다. 또한 젊은이들의 존경을 받
을 수 있는 마음가짐과 실천방안, 노년층에게 최적화된 걷기 운동 팁, 생활살림
이 익숙하지 않은 남성 노인들의 홀로서기를 위한 생활 '꿀팁' 등을 공유한다.

그 이름 어머니

태화 이혜숙 지음, 효림 진태걸 그림 | 값 17,000원

인간이라면 누구나 어머니라는 세 글자에서 다른 그 무엇에서도 느낄 수 없는
울림을 느끼게 된다. 태화 이혜숙 시인의 시집 『그 이름 어머니』는 100여 수
가 넘는 시 속에 일관적이면서도 다양하게 어머니에 대한 사랑과 그리움을 녹
여내어 독자들의 마음속 백인백색의 '어머니'에 대한 감정을 되살려내며 시간
과 공간을 뛰어넘는 애틋하고 아련한 감성을 전달하고 있다.

'행복에너지'의 해피 대한민국 프로젝트!

<모교 책 보내기 운동> <군부대 책 보내기 운동>

한 권의 책은 한 사람의 인생을 바꾸는 힘을 가지고 있습니다. 한 사람의 인생이 바뀌면 한 나라의 국운이 바뀝니다. 그럼에도 불구하고 많은 학교의 도서관이 가난하며 나라를 지키는 군인들은 사회와 단절되어 자기계발을 하기 어렵습니다. 저희 행복에너지에서는 베스트셀러와 각종 기관에서 우수도서로 선정된 도서를 중심으로 <모교 책 보내기 운동>과 <군부대 책 보내기 운동>을 펼치고 있습니다. 책을 제공해 주시면 수요기관에서 감사장과 함께 기부금 영수증을 받을 수 있어 좋은 일에 따르는 적절한 세액 공제의 혜택도 뒤따르게 됩니다. 대한민국의 미래, 젊은이들에게 좋은 책을 보내주십시오. 독자 여러분의 자랑스러운 모교와 군부대에 보내진 한 권의 책은 더 크게 성장할 대한민국의 발판이 될 것입니다.